日本
社会资本研究

日本地域社会におけるソーシャル・キャピタル
形成の社会経済的影響

张
舒
著

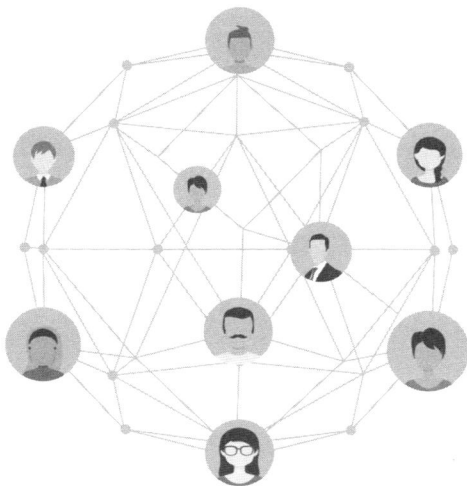

浙江工商大学出版社 | 杭州
ZHEJIANG GONGSHANG UNIVERSITY PRESS

图书在版编目(CIP)数据

日本社会资本研究 / 张舒著. —杭州:浙江工商
大学出版社,2022.5
ISBN 978-7-5178-4960-5

Ⅰ.①日… Ⅱ.①张… Ⅲ.①社会资本—研究—日本
Ⅳ.①F131.347

中国版本图书馆 CIP 数据核字(2022)第086802号

日本社会资本研究
RIBEN SHEHUI ZIBEN YANJIU

张　舒　著

责任编辑	董文娟　王　英
责任校对	鲁燕青
封面设计	浙信文化
责任印制	包建辉
出版发行	浙江工商大学出版社
	(杭州市教工路198号　邮政编码310012)
	(E-mail:zjgsupress@163.com)
	(网址:http://www.zjgsupress.com)
	电话:0571-88904980,88831806(传真)
排　　版	杭州朝曦图文设计有限公司
印　　刷	浙江全能工艺美术印刷有限公司
开　　本	880mm×1230mm　1/32
印　　张	5.25
字　　数	140千
版 印 次	2022年5月第1版　2022年5月第1次印刷
书　　号	ISBN 978-7-5178-4960-5
定　　价	42.00元

目　次

1 序 章

1.1 本書の目的

現代社会は二つ大きな課題を抱えている。一つは社会病理（Social Pathology）[1]であり、もう一つは格差問題である。特に急速に経済発展を成し遂げた国においてはその現象が著しい。この問題は社会学と経済学の共通する課題でもある。

筆者は1990年に中国福建省[2]にある小さな町で生まれ育てられた。子供の頃、家はそれほど裕福ではなかったが、家族の関係がよくて、親戚や隣人同士との付き合いが密接であったため、非常に楽しい暮らしをしていた。夜になっても家の鍵をかけないほど、周囲との信頼は強かった。ところが、30年過ぎた今の状況はどうであろうか。家は町から県のマンションに移り、隣の人とは挨拶くらいの付き合いしかなく、集団活動もパソコンや携帯に代わってしまった。社会全体を見ると、「おばあちゃんが道中に倒れても、助けてくれる人がいない」などの新聞記事が山盛りになっている。どころで、このような現象は中国に限りことではない。

筆者は2012年に日本に来た。そのとき、「一人で焼肉」「一人でお鍋」などの「孤独文化」が流行っていた。そして、中国ではあまり聞きなれない言葉がいくつかあった。例えば、「ひきこもり」「無縁社会」「孤独死」などさびしがる言葉がある。2010年に放映されたNHKの『無縁社会』は2008年の無縁死を32000人と報じ、人々に大きな衝撃を与えた。大きな社会問題であると言えよう。

またほとんどの経済協力開発機構（Organization for Economic

---

① 社会に発生する病的な状態をいう。例えば、犯罪、自殺、ひきこもり、家庭内暴力、孤独死、老々介護などの現象を指す。また、個人病理、集団病理、地域病理、文化病理などの言葉も用いられる。

② 福建省は「閩」と略称する。

Co-operation and Development, OECD）加盟国において所得格差が拡大している。最も格差が広がったアメリカでは、上位1%の所得が1981年には全体の8.2%であったが、2012年には倍以上の20%に達した。上位1%への所得の集中は、リーマン・ショック直後には若干改善したが、先進国経済が回復すると、再び集中の動きが目立っている。日本の場合は、アメリカより低いが、同期間6%から10%へ増加している[1]。

　図1-1が示しているように、日本の等価当初所得のジニ係数の推移を見ると、1992年の0.3703から2014年には0.4622まで上昇している。等価再分配所得のジニ係数もここ20年間ほとんど改善されてないことがわかる。内閣府の「全国消費実態調査」に基づいた等価可処分所得のジニ係数は上昇する傾向にある。日本においても大きな格差拡大が進んでいる。

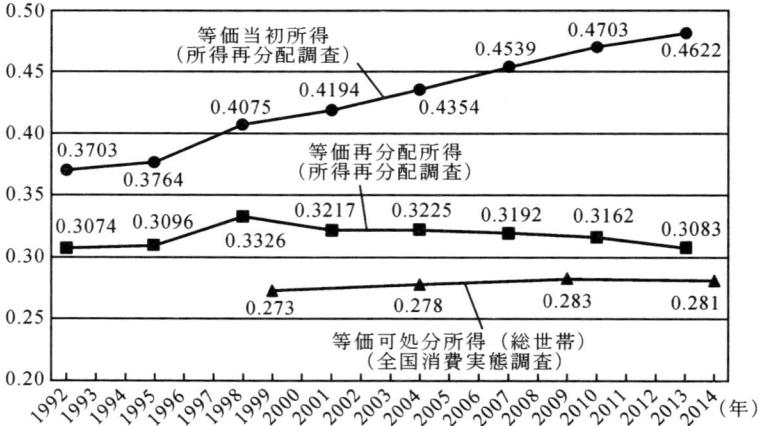

図1-1　日本の等価所得ジニ係数の推移
注：厚生労働省（2017）、『平成29年版厚生労働白書：社会保障と経済成長』、p.59より転載。

---

[1]　櫨浩一「所得格差が先進国で拡大している理由」（2014年6月12日）［https://toyokeizai.net/articles/-/39531］（最終検索日：2022年1月13日）。

　格差拡大の傾向は先進国に限る話ではない。中国は1978年の改革開放政策を実施して以来、2000年代初頭の10年間は著しい経済発展をしてきた。しかしながら、それに伴う社会の不平等状況も急激に上昇した。データによると、中国のジニ係数は1980年代の0.32から1990年代に0.38まで上昇し、2000年代は0.42に達している。そして、最低所得層20%に対する最高所得層20%の所得の倍率は1980年代の4.6から1990年代に6.9になり、さらに2000年代では8.3まで急増してきた。

　近年、経済学者は経済成長におけるソーシャル・キャピタル（Social Capital）[1]の重要な役割をますます認識してきている。伝統的な物質的資本、人的資本、知的資本に基づき、経済成長の源泉としてソーシャル・キャピタルを重視し始めた。ピエール・ブルデュー（Pierre Bourdieu）が1980年にソーシャル・キャピタルという概念を正式に提唱して以来、ソーシャル・キャピタル論は幅広く議論されてきた。土地、労働、資本が経済成長の三つの基本要素であると考えられているが、1960年代、新古典主義経済学者のT. W. シュルツ（Thodore W. Schults）とG. ベッカー（Gary Becker）は、人的資本の重要な役割をさらに強調した。

　最新の研究では、経済成長目標を達成するのに、最も先進的な物的資本や人的資本を有しても、人々は信頼と協力の雰囲気の中で技術と資源を共有し、やり取りをしないと、成功することは困難であることが示された。それは社会関係資本（ソーシャル・キャピタル）の投資である。そして、ソーシャル・キャピタルは、地域の所得格差に影響を及ぼす重要な要因であると考えられている。経

---

[1] ソーシャル・キャピタル（Social Capital）は、「社会資本」「社会関係資本」「社会的資本」「人間関係資本」など様々な訳が用いられている。本書では、誤解を避けるために、そのまま「ソーシャル・キャピタル」と記す。

済成長は、資源の供与、生産要素の移動、技術の進歩だけでなく、信頼などのソーシャル・キャピタルにも依存する。

　以上のように現代社会は新自由主義の経済発展が生んだ社会病理と格差問題で喘いでいる。その課題の背後には急速な都市化と産業化があり、人間同士の関係性の喪失が原因であると考えられる。この課題は経済成長率が解決してくれるわけでもないため、本書はソーシャル・キャピタルという概念を取り上げる。その理由は、課題解決に求められる信頼や関係性の再構築、人々の共感、協働などの要素は全てソーシャル・キャピタルという概念に含まれているからである。

　このような問題意識を持つ本書は、ソーシャル・キャピタル形成が地域社会と経済に与える影響を明らかにすることを研究目的とする。この研究目的を達成するために、本書では次の三つの仮説を立て、検証する。

　仮説1：暮らしやすい地域は人的ネットワークが強い（人と人のふれあいが頻繁）。

　仮説2：市民活動家（NPO①スタッフ）の活動は地域のソーシャル・キャピタル形成に効果的である。

　仮説3：ソーシャル・キャピタルに基づいた愛郷活動は地域経済を活性化させる。

1.2　本書で用いるデータ

本書は三つの研究手法、すなわち定性調査（非構造化インタ

---

① NPO（Non-Profit Organization）とは、ボランティア活動などの社会貢献活動を行う営利を目的としない団体の総称であり、このうちNPO法人とは、NPO法（特定非営利活動促進法、1998年12月施行）に基づき、法人格を取得した「特定非営利活動法人」の一般的な総称である。

ビュー調査）、アンケート調査及び文献調査に基づいて行う。また、本書を進めるにあたり、できる限り異なる視点から事実に迫るために、多くの中国語、日本語、英語の文献を参照し、客観性を確保することに努めている。

　定性調査（非構造化インタビュー調査）に関しては、筆者が佐賀県の職員そして佐賀在住の市民を対象としてヒアリング調査の内容に基づいて整理する。

　アンケート調査に関しては、筆者がアンケートを作り、佐賀県にあるNPO法人スチューデント・サポート・フェイス（S.S.F）を対象に調査し、スタッフのアンケート回答を収集して分析する。

　文献調査に関しては、中国、日本、アメリカといった国々における専門著書、研究論文及び最新統計データなどの資料を用いることを通じ、多角的視点を取り入れる。なお、理論的な内容の研究において、より正確な文脈的意味をつかむために、原著の内容を確認しながら、日本語や中国語の翻訳版の文献を参考にし、若干意味の違うところでは訳書版に修正をして引用する。そして、公表された中国のデータを読み解くにあたって、若干統計上の課題もある。日本で発表された文献に関しては、日本では中国に関する最新の統計やデータの収集が困難なところもある。しかしながら、本書はできる限り事実関係を明らかにすることに努め、中国、日本、アメリカといった国々の統計や文献を比較しながら、比較的に客観性の高いデータや情報を引用する。

　統計に関しては、日本厚生労働省による公開された『人口動態統計』『国民生活基礎調査』『患者調査』、内閣府及び各省庁による公開されたデータ、中国国家統計局により出版された『中国統計年鑑』『中国労働統計年鑑』などの中国側の公式的統計を用いるとともに、世界銀行やOECDなどの統計も利用する。

1.3　本書の構成

　本書は、八つの章で構成されている。それぞれの章の内容は次の通りである。

　第1章は本書の目的、本書で用いるデータを述べておく。また、本書の構成を提示する。

　第2章では、現代社会の病理を説明する。現代社会において、新自由主義思想の蔓延によって、様々な問題を起こしている。新自由主義的政策に対する批判のうち、最も目立つ問題は格差社会の進展である。新自由主義理論の代表的な主張の一つとしての「トリクルダウン理論」から展開し、世界各地域の格差問題を説明する。さらに、社会集団間の極端的な格差がますます拡大していくことにより、うつ病、自殺、犯罪、貧困などの社会アノミー現象が現れた。そのなかでも、家庭関係の崩壊から地域コミュニティの崩壊、人と人の関係性が喪失しつつある現状に直面している。この状態から脱出するには、人々の間に壊れた関係を取り戻すことは最も大事である。言い換えれば、地域社会におけるソーシャル・キャピタルの育成が必要になる。

　第3章はソーシャル・キャピタル概念の再検討を行う。日本におけるソーシャル・キャピタルに関する研究は主に2000年代に入ってからのものである。特にロバート・パットナム（Robert Putnam）の研究に基づいた分析が大半を占める。この傾向に影響を与えたのは内閣府の調査報告である。しかし、後述するように、パットナムの研究はソーシャル・キャピタル研究の大きな二つの流れの片方に該当するものである。ソーシャル・キャピタル研究には、ソーシャル・キャピタルを個人財（Individual Asset）として扱う研究と、集合財（Collective Asset）として扱う研究と分けることができる。個人財として扱う研究は、個人が社会関係やネット

ワークにどのようにアクセスし、どのような利益を得ているかを
議論する。それから集合財として扱う研究は、集合財としてソー
シャル・キャピタルがどれだけ形成され、そのソーシャル・キャ
ピタルがグループにどのような影響を与えるかを議論する。本章
において、研究の潮流を以上のように二つに分けたあと、ソーシャ
ル・キャピタルの概念をより明確にするために、ソーシャル・
キャピタル研究の系譜を整理し、次にパットナムの研究の特徴を
分析する。最後にリン（Lin）やバート（Burt）のモデルを検討し、
パットナムモデルとの統合を試みる。

　第4章においては、日本のソーシャル・キャピタルの関連政策
をまとめる。1990年代以降、日本社会全体のソーシャル・キャピ
タルが減少し、その減少は現在に至って続いている。その減少は、
主にソーシャル・ネットワークと社会参加の減少に表れている。
そのため、厚生労働省は「地域共生社会」の実現に向けて具体的な
改革を進めている。具体的には、地域課題の解決力の強化、地域丸
ごとの繋がりの強化、地域を基盤とする包括的支援の強化、専門人
材の機能強化・最大活用などの策を出している[①]。このように、日
本政府をはじめ、各府省の研究機関及び地方自治体はソーシャ
ル・キャピタルの育成に力を入れ始め、その関連施策を実施して
いる。

　第5章では、佐賀県の実践について、まず佐賀県のソーシャル・
キャピタルを分析し、そして関係者のインタビュー調査を行う。
今まで内閣府などによるソーシャル・キャピタル調査を分析する
と、調査結果で共通しているのは、佐賀県の付き合い指数とボン

---

① 日本、厚生労働省、「『地域共生社会』の実現に向けて（当面の改革工程）」（2017
　年2月7日）〔https://www.mhlw.go.jp/stf/houdou/0000150538.html〕（最終検索日：
　2022年1月13日）。

ディング指数が相対的に高いという特徴である。この結果を踏まえ、佐賀県職員4人（佐賀市職員1人）、そして佐賀市民6人に対して半構造インタビュー調査を行い、佐賀県の特徴、佐賀県の政策効果及び市民意識を分析する。

第6章において、事例分析を通し、NPOスタッフの活動とソーシャル・キャピタルとの関連を議論する。パットナムはイタリアにおける州の研究を通じ、北イタリアと南イタリアの制度パフォーマンスが大きな違いが生じた原因はソーシャル・キャピタルの蓄積の相異であると主張した。[①]すなわち、ソーシャル・キャピタル蓄積の源泉の一つとして、市民社会の重要性が指摘された。日本においては、地域コミュニティはマンションの増加や転勤族の増加に伴い、町内会や自治会など既存のコミュニティに加入する者は減少の傾向にある一方、特定の地域問題において社会貢献を目指すNPO組織が活発になりつつある。本章はNPOとソーシャル・キャピタルに関連する先行研究をサーベイした上で、NPOスタッフの活動における積極性と充実感に注目する。

第7章は、ソーシャル・キャピタルが地域経済に及ぼす影響について議論する。ここで事例として取り上げるのは日本の「ふるさと納税」制度と華僑華人の愛郷活動である。「ふるさと納税」制度は2008年に日本総務省より設けた地方創生目的の寄付金制度である。納税者自らが寄付先を選択することができており、または寄付の使い道を指定することもできる。そのかわり、納付先の地場産品を返礼品として受領することができる。一方、華僑華人は同じルーツを持つことより生まれた愛郷心や帰属意識が強く、古来

---

① ソーシャル・キャピタルの代理指標として、国民投票への参加度、新聞購読率、結社数に基づく「市民共同体」合成指数や、市民活動や政治活動への参加を代表する14指標からなる合成指標（SCインデックス）を使っている。

より海外へ移住した華僑が多かった中国福建省への送金・寄付・投資などの経済活動は、不動産・教育・公益事業など地域経済への影響と役割が大きかった。これらの理由から、「ふるさと納税」制度と華僑華人の愛郷活動の出発点である地域への愛着と互酬性の意識はソーシャル・キャピタルの現れであると扱う。

　最後に、第8章は本書の結論をまとめる。

2　現代社会の病理

2.1 はじめに

かつて日本は1億総中流①社会と言われた。日本の中流意識は現在も顕著で、内閣府が2017年6月に行った「国民生活に関する世論調査」によると、95%が生活の程度は中以上と答えている②。しかし、様々なデータは格差が広がっていることを示す。その一つがジニ係数の変化である③。このような現象は日本に限ることではない。最近の調査によると、アメリカ人の48%が自らを「下層階級」と認識しており、2008年の35%から増加している。富の正規分布は、「べき乗則」④に近づいていると言えよう。このような社会の二極分化は、自殺率の増加、孤独死の増加などといった現代社会の病理に繋がっている。このような社会のアノミー現象の原因はどこにあるのか。新自由主義思想の蔓延は原因の一つと言えよう。

2.2 新自由主義思潮の蔓延

(1)歴史的展開

1870年代、イギリスの経済危機が深刻で、新しい政治の需要に適応するために、T.H.グリーンは最初に、イギリスの自由主義の伝統を維持しながら、国家介入を行い、国の役割を十分発揮する新しい理論を提案した。その理論は古典的自由主義と区別するように、

---

① 1億総中流とは、1970年代の日本の人口が1億人を超え、同時に日本国民の8割以上が自分を中流階級として意識していたことを指す。日本の中流意識は今も強く、内閣府による「国民生活に関する世論調査」を見ると、収入・所得については不満も多いものの、9割以上の人が自分の生活は「中」であると感じている。

② 日本、内閣府、「国民生活に関する世論調査」(2017年8月28日)[https://survey.gov-online.go.jp/index-ko.html](最終検索日:2022年1月14日)。

③ 日本のジニ係数は、1980年代の2.8から2000年代には3.3前後に拡大した。

④ 統計モデルの一つで、「80:20モデル」として知られている。

　新自由主義（New Liberalism）と呼ばれた。自由放任主義よりも、より社会的公正を重視し、自由な個人や市場の実現のためには政府による介入も必要と考え、社会保障などを提唱した[1]。20世紀初頭、ニューリベラリズムは、欧米の政治思想と実践に重大な変化を引き起こし、イギリス諸島及び西ヨーロッパ全体に拡張し、イギリスの国策として重要な基盤となっていた。第二次世界大戦後の20世紀50年代から60年代の間、欧米諸国において年金、失業保険、医療保険などの社会保障の拡充、公共事業による景気の調整、主要産業の国有化などを推進し、国家が積極的に介入し、個人の実質的自由を保障すべきとの政策をとり、「福祉国家」と呼ばれる政策を行ってきていた。

　1970年代に入り、オイルショックによって経済が停滞すると、失業者が増えるようになった。「福祉国家」政策はマネタリストやサプライサイダーからの批判にさらされる。当時、アメリカは「スタグフレーション」が進行し、失業率が上昇した。アメリカに次いで、イギリスがインフレーションと長期の景気停滞という「イギリス病」に陥った。このような状況を生み出した原因は、国による経済領域への恣意的な介入と政府の規模の膨大にあるという考えが広がった。かくして、「福祉国家」政策の破綻により、ニューリベラリズムの影響は薄れた。現時点では、ハイエクが率いるモンペルラン・ソサイエティが徐々に表れ、古典自由主義への帰還を主な内容とする新自由主義（Neoliberalism）を提唱した。1970年代以降の日本では、新自由主義のことをネオリベラリズムを指す場合が多い。本書で論じる新自由主義も後者の意味をとる。

　新自由主義という用語は、「価格決定のメカニズム、自由な企業、

---

[1]　Philip Mirowski and Dieter Plehwe, *The Road from Mont Pèlerin: The Making of the Neoliberal Thought Collective*, London: Harvard University Press, 2009, pp.3-5.

競争があり強く公平な国家体制の優先」①と定義された。新自由主義の重要な特徴の一つは、反国家的介入が体系化と理論化の新たなレベルまで上昇したことであり、「ケインズ革命に対する反革命」である。この意味でも、新自由主義は新保守主義とも呼ばれている。新自由主義は、古典自由主義経済理論の自由経営と自由貿易などの思想を継承し、極端に「自由化」「民営化」「市場化」を積極的に推進するようになった。自由が効率の前提であると主張し、市場を離れると資源を効果的に配分することはできないと考え、いかなる形の国家による介入に反対する。すなわち、新自由主義とは何よりも、強力な私的所有権、自由市場、自由貿易を特徴とする制度的枠組みの範囲内で個々人の企業活動の自由とその能力とが無制約に発揮されることによって人類の富と福利が最も増大する、と主張する政治経済的実践の理論である②。

1990年代に入った後、国際政治経済情勢は大きな変化を起き、ソ連・東欧社会主義諸国の崩壊、世界経済のグローバル化、東アジア諸国は急速な経済成長を達成した。これらが、新自由主義的経済動向を大いに奨励し、徐々に経済理論における支配力を固めた。それ以来、新自由主義は理論的、学術的から政治化、国家イデオロギー化、正規化になり、英米による推進されたグローバル化の理論的システムの重要な部分になった。そこで象徴的な事件は「ワシントン・コンセンサス」である。新自由主義の「ワシントン・コンセンサス」が市場志向の経済理論のシリーズで定義され、基本的な原則は貿易と資本市場の自由化、規制緩和と「小さな政府」を

① Philip Mirowski and Dieter Plehwe, *The Road from Mont Pèlerin: The Making of the Neoliberal Thought Collective*, London: Harvard University Press, 2009, pp.10–12.
② Philip Mirowski and Dieter Plehwe, *The Road from Mont Pèlerin: The Making of the Neoliberal Thought Collective*, London: Harvard University Press, 2009, pp.18–19.

目指し、インフレーションの解消、民営化と自由化を行うことである。

　ロナルド・レーガン米大統領によるレーガノミクスとイギリスのマーガレット・サッチャー政権によるサッチャリズムがその代表例である。レーガノミクスにより、大幅減税や規制緩和を実施し、市場原理を大幅に取り入れるようになった。サッチャー政権も金融ビッグバンを実施するほか、財政支出の削減、石炭や航空など国営企業の民営化といった規制緩和、社会保障制度の見直しを大きく進めた。ケインズ主義を否定する世評の中で、新自由主義は英米などの国において主流経済学の地位を占めていた。同時期、日本の中曽根政権も積極的に新自由主義的政策を導入した。この時期に鉄道、電話などの民営化が行われた。その後、橋本政権も「金融ビックバン」と呼ばれる金融制度改革を行い、大手銀行は合併を繰り返し、メガバンクが誕生した。特に1990年代後半から、小泉政権による市場原理主義的政策が実施され、「聖域なき構造改革」と呼ばれる規制緩和を行った。日本郵政や道路公団の民営化や労働者派遣法の改正などが行われた[①]。

　では、新自由主義化は資本蓄積の促進にどの程度成功したのであろうか。実は、新自由主義的グローバリゼーションは世界経済の長期的かつ安定的な成長を促進することができなかった。世界全体の成長率は、1960年代には3.5%程度であり、波乱の1970年代でも2.4%に落ちたに過ぎない。しかし、続く1980年代と1990年代の成長率は、1.4%と1.1%であった。2000年以降はかろうじて1%に達する程度。この数字は、新自由主義化が全世界の成長を促進す

① デヴィッド・ハーヴェイ（渡辺治監訳）『新自由主義―その歴史的展開と現在―』（作品社、2007年）200―201ページ。

ることに概して失敗していることを示している[1]。

　新自由主義の失敗をさらに証明するため、いくつか典型的な国を見よう。ラテンアメリカは新自由主義的改革「実験場」として知られ、「ワシントン・コンセンサス」にしたがって自由市場経済政策を導入してから10数年後、国々は深刻な経済不況、政変や社会的な崩壊を加速させられてきた。例えば、アルゼンチンは1976年に新自由主義的な政策を実施して以来、海外直接投資の誘致と外国の借入に依存し、短期的な繁栄を達成したが、1994年に経済成長率が変動し始めた。1995年以降、アルゼンチンの経済は大恐慌に直面し、貧困線以下の人口も急増した。2000年代以来、国内企業の破産、資本の逃避及び所得格差の拡大と失業率の急増に直面していた。「崩壊」というのは新自由主義経済理論を実装したアルゼンチンの最終的代価である。同様に、メキシコとベネズエラにおいても新自由主義的政策によって貧困や社会格差などの失敗に至った。

　先進国の状況はどうであろうか。新自由主義化を先導してきたイギリスもアメリカも1980年代に高度な経済的パフォーマンスを実現したわけではない。確かにインフレは抑えられ、金利は下がったが、これは高い失業率（レーガン時代のアメリカで平均7.5%、サッチャーのイギリスで平均10%以上）という犠牲を払って得られたものであった。公的福祉とインフラ整備への支出削減は、大勢の人々の生活の質を落とした。このようなことの結果として、所得の不平等の拡大と低成長とが同居するという厄介な事

----

[1]　デヴィッド・ハーヴェイ（渡辺治監訳）『新自由主義─その歴史的展開と現在─』（作品社、2007年）216ページ。

態が生じた[①]。それから、1990年代の日本は「失われた10年」と言われたのは新自由主義の実用的な結果である。日本の経済は2000年代まで急速に悪化し続け、平均年間経済成長率は1%まで低下し、数年間のマイナス成長を経験したこともある。特に小泉政権下で新自由主義は一気に進行し、大企業の競争力強化による景気回復が実現した。しかし、その当然の結果であるが、既存社会の安定は崩れ、社会統合の破綻が顕わになった。例えば、労働市場の規制緩和によって派遣労働や有期雇用などの非正規就労形態が自由化されたことで、正規労働者と非正規労働者の間の格差が拡大している。「格差社会」「ワーキングプア」という言葉が普及し、犯罪の増加、家族の崩壊などが社会問題化した[②]。また、ドイツの状況もよくない。低所得者の社会福祉費が大幅に減少され、経済成長と裕福スローガンの下、新自由主義を抱擁したドイツは20世紀末において実質的失業率は20%に相当する。

（2）新自由主義への批判

　以上のように、新自由主義的政策は新たな社会問題を生じたため、様々な批判を浴びていた。デヴィッド・ハーヴェイ（2005）によれば、新自由主義化は地理的不均等発展のメカニズムを通じてますます推進されるようになったため、それが国際格差や階級格差を激化させ、世界システムを危機に陥れようとしている[③]。

---

① デヴィッド・ハーヴェイ（渡辺治監訳）『新自由主義―その歴史的展開と現在―』（作品社、2007年）128ページ。

② デヴィッド・ハーヴェイ（渡辺治監訳）『新自由主義―その歴史的展開と現在―』（作品社、2007年）318ページ。

③ トーマス・セドラチェク（村井章子訳）『善と悪の経済学：ギルガメシュ叙事詩、アニマルスピリット、ウォール街占拠』（東洋経済新報社、2015年）326―328ページ。

　そのほか、ノーベル経済学賞を受賞したジョセフ・E.スティグ
リッツ（Joseph E. Stiglitz）は、「新自由主義は、市場が自己浄化でき
て、資源を効率的に配分し、公共の利益に貢献するために動く原理
主義的な考え方である」と述べている。Stiglitz（2008）は「新自由主
義を追求する国々は格差を拡大することに成功し、成長を高める
という使命には完全に失敗した」と指摘している[1]。

　日本では、経済学者の宇沢弘文は、小泉政権の新自由主義的政策
に関して、次のように酷評している。「小泉政権の5年半ほどの間
に、市場原理主義が『聖域なき構造改革』の名の下に全面的に導入
され、日本は社会の全ての分野で格差が拡大し、殺伐とした陰惨な
国になってしまった。」宇沢は社会的共通資本を重視し、大気や水、
教育や医療、報道など地域文化を維持するため一つとして欠かせ
ないと説き、新自由主義はそういった社会的共通資本を根本から
否定するものであると指摘している[2]。多くの批判の中、最もよく
言われているのは格差問題である。では、新自由主義はどのよう
なプロセスで格差を生んだのかについては次節で説明する。

2.3　格差社会の拡大
（1）トリクルダウン理論
　新自由主義理論の代表的な主張の一つとして、トリクルダウン
（Trickle Down）理論がある。トリクルダウンというのは「徐々にあ

[1] Joseph E. Stiglitz, "The End of Neo-liberalism? Project Syndicate Commentary"（2008年7月7日）［http://www.project-syndicate.org/commentary/the-end-of-neo-liberalism］（最終検索日：2018年8月14日）。
[2] 宇沢弘文「菅政権のめざすことと、その背景」『農業協同組合新聞』（2011年2月14日）［https://www.jacom.or.jp/archive03/proposal/proposal/2011/proposal110214-12526.html］（最終検索日：2018年8月14日）。

ふれ落ちる」という意味で、民主的福祉国家のように公共財や福祉を通じて国家の財政を貧困層と弱者に直接配分するのではなく、大企業や富裕層へ支援政策を行うことによって経済活動を活性化させることになり、富が低所得層に向かってしたたり落ち、国民全体の利益となるという考え方である。また、労働市場の規制緩和が推進され、労働法の改正が行われた。富裕層への優遇措置も投資に関する法的解釈に現れる。

　トリクルダウン理論の考え方によれば、「投資の活性化により、経済全体のパイが拡大すれば、低所得層に対する配分も改善する」となるはずである。しかしながら、現実としては、パイの拡大が見られても、配分の改善が見えず、国民全体の利益が実現されていない。むしろ、一部の人間への富の集中と使い捨て労働者の大量発生による格差社会が生まれる。こうして、富と収入を生んだことではなく、再分配したことこそが、新自由主義の主たる実績であると言えるであろう。それを「略奪による蓄積」とハーヴェイは呼ぶ[1]。

（2）所得格差の拡大

　新自由主義者はあらゆるものが原則的に商品として扱われうると想定し、私的所有権や利潤原理が何よりも優先で、競争によって支えられる市場こそが理想的かつ最善の手段であると考えている。自由競争が促進されることで、「勝ち組」と「負け組」の差が開いていった。様々な格差を生じているが、まずは所得格差である。

　先進国の所得格差の動向を、ジニ係数や上位層の総所得に占める割合で見ると、大半のOECD諸国における所得格差は、新自由主

---

[1]　デヴィッド・ハーヴェイ（渡辺治監訳）『新自由主義―その歴史的展開と現在―』（作品社、2007年）222―223ページ。

義化が推進された1980年代中期から拡大している（図2−1）。最新データによると、2014年ではOECD諸国における人口の上位10%の富裕層の所得が下位10%の貧困層の所得の9.4倍、つまり9.4対1の比になっている[①]。これに対し、1980年代には7倍であった。その中でもアングロ・サクソン諸国での所得格差の拡大が見られ、特にアメリカで顕著である。アメリカの上位10%の総所得に占める割合は第二次世界大戦後の35%未満から2000年代初頭の50%にまで上昇している。そして、所得格差の代表的な指標であるジニ係数を見ると、1980年代半ば、ジニ係数のOECD平均は0.29であったが、現在（2015年のデータが最新）では、ジニ係数のOECD平均は約10%上昇し、0.317となった。

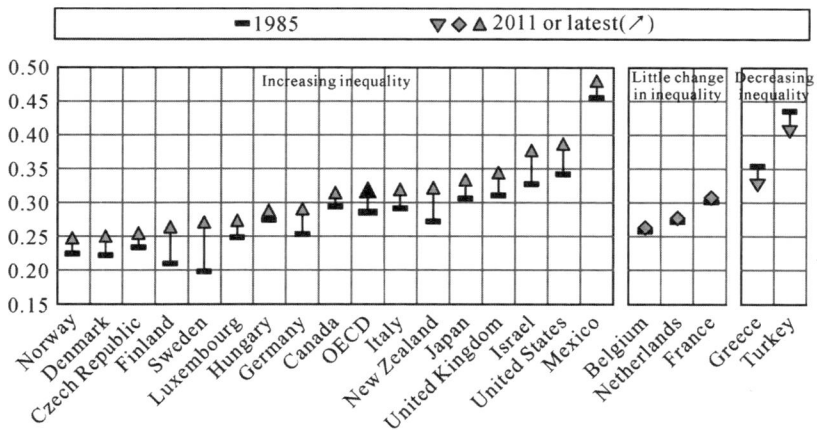

図2-1　OECD諸国ジニ係数の変化

注：『OECD世帯所得分布・貧困データベース』より引用。

---

① OECD, "Society at a Glance 2016: OECD Social Indicators" （2016年10月5日）〔https://www.oecd-ilibrary.org/social-issues-migration-health/society-at-a-glance-2016_9789264261488-en〕（最終検索日：2022年1月13日）。

　日本の所得格差が拡大している背景には不安定な雇用問題がある。図2-2を見てみよう。2017年に、日本非正規雇用の割合は平均約40%に達している。特に女性の比率はより高く、約55%である。周知の通り、非正規雇用が広がるようになったのは新自由主義思想に基づいた雇用市場の流動化政策であった。この傾向は2000年代に入ってより強化されている。

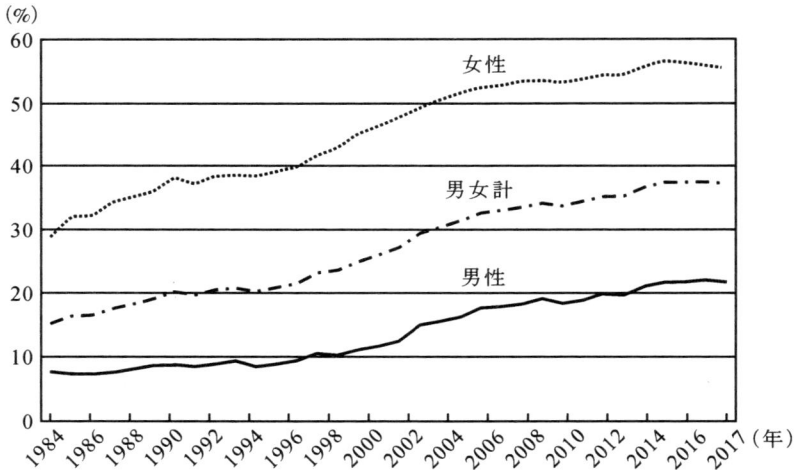

図2-2　日本の非正規の職員・従業員割合の推移

注：労働政策研究・研修機構(JILPT)『労働力調査　長期時系列データ』より作成。

　所得格差に関して、ピケティの著書『21世紀の資本』では、大量な歴史資料に基づき、世界の格差の厳しい状況を見せてくれた。特に1980年代以降アメリカの格差の爆発的拡大を検証し、そしてその格差拡大と2008年の金融危機の引き金になったのかと問いかけ、結論としては、アメリカにおける格差拡大が金融不安の一因となったのはほぼ間違いないと主張した。理由は簡単である。アメリカでの格差拡大がもたらした結果の一つとして、下層、中間層級の実質購買力は低迷し、お陰でどうしても質素な世帯が借金をす

る場合が増えたからである。特に規制緩和され、金持ちがシステムに注入した預金で高収益を上げようとする恥知らずな銀行や金融仲介業者が、ますます甘い条件で融資するのだからなおさらである①。

　OECDの最新研究によると、所得格差が拡大すると、経済成長は低下するという結論が出た。それについて、ピケティも同じような指摘をしていた。

　「言うまでもないが、この格差の拡大がアメリカ経済の極めて高い成長と同時に起こっていたなら、事態はかなり違うものになっていたであろう。しかし残念ながら、現実はそうではなかった。経済成長はそれまでの数十年よりかなり低かったので、格差の拡大は下層、中間層の賃金の実質的な停滞をもたらした。」②

　それだけでなく、蔓延している所得格差の拡大が社会・経済のあらゆるところに及ぼす潜在的な悪影響が懸念されている。社会集団間でこのような極端な格差があるのに、いつまで機能し続ける経済や社会はなかなか想像できないピケティが嘆きをもらした。上述のように、新自由主義化された社会は格差がますます拡大しているのは事実である。具体的に、格差社会はどのような悪影響をもたらしたのかについて次に説明する。

2.4　社会のアノミー現象

　新自由主義主導のグローバル化がもたらしたのは、社会の質が低下したとも呼ぶべき危惧である。新自由主義による市場競争へ

---

① トマ・ピケティ（山形浩生、守岡桜、森本正史訳）『21世紀の資本』（みすず書房、2014年）308ページ。
② トマ・ピケティ（山形浩生、守岡桜、森本正史訳）『21世紀の資本』（みすず書房、2014年）309ページ。

の過度の信頼は、「弱肉強食型」の経済活動を各人に強いる状況を
もたらし、勝ち組と負け組の格差がますます拡大している。そし
て、公益や共同体に代わる個人主義化の過度の強調は、社会成員同
士の連帯を失うことに至り、病理現象が多発する[①]。

　うつ病、自殺、犯罪、貧困などは現代社会の病理現象の典型的な
代表である。日本では、高度経済成長期や平成不況の時期を経過
し、社会が激しく変化している中、従来の人と人の間にある強い絆
が薄くなり、ストレスを感じ、不安感を抱えている人が増えてき
た。特に21世紀に入り、うつ病や自殺率が高まるとともに、少子高
齢化が進み、非正規雇用や失業が増大している。

　図2-3が示しているように、日本の場合、厚生労働省が3年おき
に実施している「患者調査」によれば、1996年調査と1999年調査で
の気分障害者数はそれぞれ40数万人であったが、2000年代に入っ
て急増し、2005年には1990年代と比較して倍増を超え、さらに
2008年には100万人を超えるまでになった。そして、年間自殺者
数は約3万人水準の状態が10年以上も続いている。特に近年で
は、人付き合いや社会との関わりが少なくなったため、孤独死の件
数も増加しつつある。高齢者の一人暮らしが増え、近所付き合い
の希薄化、経済的な問題などは原因として予測される。しかし、高
齢者の孤独死だけでなく、20代の孤独死や50代の孤独死も問題に
なっている。20代の孤独死の原因は高騰する失業率とも関連して
いる。2014年のデータによると、20～24歳の失業率は6.3%、25～29
歳の失業率は5.2%となっている。就業率の低さや非正規雇用者比
率の高さは20代の孤独死の原因であると言われている。

---

① 辻竜平、佐藤嘉倫『ソーシャル・キャピタルと格差社会―幸福の計量社会学―』
　（東京大学出版会、2014年）19ページ。

（千人）

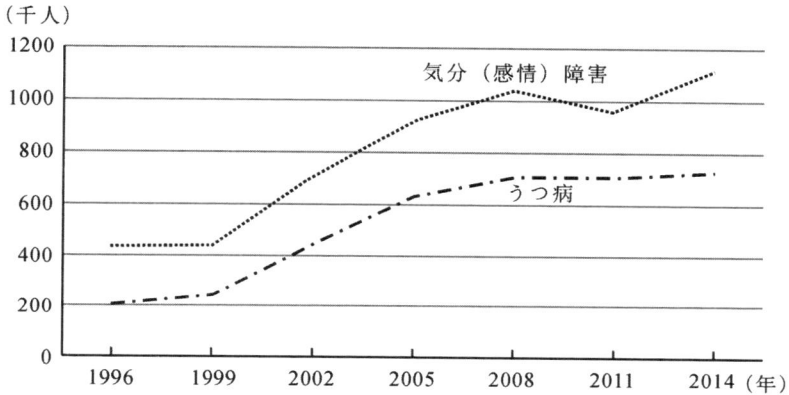

図2-3　日本の気分（感情）障害、うつ病患者数の趨勢
注：厚生労働省（2014）、『患者調査』より作成。

　さらに、「ひきこもり」のも長期化、高年齢化が深刻となる中、内閣府は2018年度に、40〜59歳を対象にした初実態調査を行うことを決めた。これまでの調査は主にいじめや不登校をきっかけに起きる子供や若者（39歳まで）に限っていたが、この調査は中高年層にひきこもり状態の人の程度、生活状況、抱えている課題を把握、支援に役立てる狙いであった[①]。すなわち、中高年層のひきこもり状況の深刻さも国の注意を喚起している。

　似ている状況はほかの国にも存在している。例えば、アメリカの自殺率が過去30年ほどで最悪のレベルに急上昇していることが、アメリカ政府の統計で明らかになった。その中でも10〜14歳の少女自殺率は急激に高まっている。1999年の10万人当たり50人から2014年は150人と、3倍もなった[②]。そして、パットナムの有

①「中高年ひきこもり初調査　内閣府18年度　40〜59歳、実態把握へ」『東京新聞』（2017年12月31日）朝刊、6ページ。

②「米国では、なぜ自殺率が増え続けているのか」『東洋経済』（2016年5月11日）［https://toyokeizai.net/articles/-/115717?page=2］（最終検索日：2018年8月7日）。

名な著書『孤独なボウリング』で書かれているように、アメリカにおいて政治参加や市民参加などが減少し、インフォーマルな社会的繋がりなど減少によるソーシャル・キャピタルにおける変化が生じ、コミュニティの崩壊が社会の大きな問題になっている。

図2-4が示しているように、先進諸国において自殺率は非常に高い。特に韓国の状況は極めて深刻である。韓国は、1990年まで自殺率が最も低く6%程度であったが、1997年の経済危機のときに急激に増加し、その後若干下落したが、2000年代に入ってから急激に増加している。近年、日本の自殺率は若干下落したが、しかし依然として毎年3万人以上の人が自殺で亡くなっている。

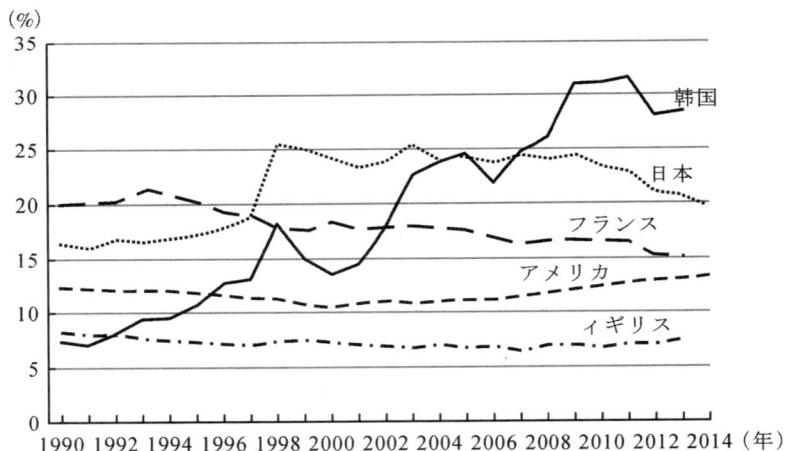

図2-4　主要国の自殺死亡率の推移

注：世界保健機関『WHO死亡データベース』より作成。

もう一つは無縁社会と言われる孤独問題である。図2-5と図2-6が示しているように、近所に誰が住んでいるか全くわからない人が30%弱もいる。これが異常な社会である。また50%近い人々が現代は無縁社会であると答えている。この現象はアメリカ社会に

おいても同じである。図2-7が示しているように、40%以上の人が
孤立していると感じているし、有意義な人間関係を築けていない
と答えている。

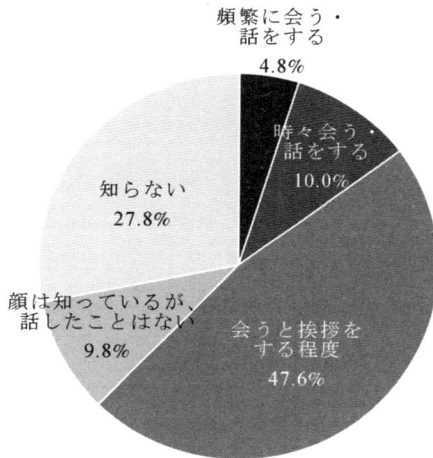

図2-5 あなたの家の隣に住んでいる人のことを知っていますか

注：オウチーノ総研（2015）、『「無縁社会」に関する実態調査』より転載。

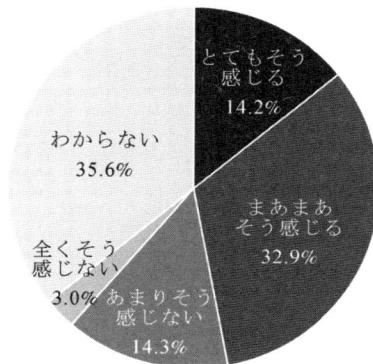

図2-6 現代は「無縁社会」だと感じますか

注：オウチーノ総研（2015）、『「無縁社会」に関する実態調査』より転載。

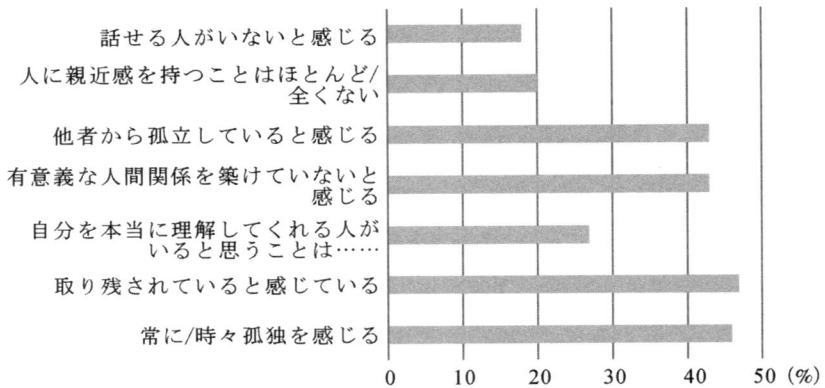

図2-7　アメリカにおける孤独調査

注：Cigna（2018），*Cigna's U.S. Loneliness Index* より作成。

　本来社会とは繋がりを前提とする組織である。社会とは広範かつ複雑な現象であるが、継続的な意思疎通と相互行為が行われ、かつそれらがある程度の度合いで秩序化、組織化された、ある一定の人間の集合である。つまり、社会は人間と人間の関係性を前提とする集合体である。無縁社会とはその組織が崩壊されたことを意味する。[1]

2.5　おわりに

　以上のように、現代社会において、高騰している自殺率、コミュ

---

[1] 無縁社会は新しいビジネスチャンスにも繋がっている。「5年間で15倍増　家族関係の希薄化背景に」『毎日新聞』（2018年5月13日）［https://mainichi.jp/articles/20180514/k00/00m/040/049000c]（最終検索日：2022年1月14日）には、「2016年の一人暮らしの高齢者数は約655万で、10年前の約1.6倍に上る。核家族化も影響して孤独死は全国で相次いでおり、特殊掃除業の需要が高まっている。特殊掃除師という認定制度ででき、2013年に特殊掃除師が在籍する業者は326社であったが、2017年末には5269社まで急増している」と指摘している。

ニティの崩壊、人間同士の関係性の喪失などは共通的な病理現象
になっている。ここ数十年、世界経済の急速的発展、グローバル化
の進化により、人々の間に物理的な距離が縮めているが、心の距離
は急速に離れているのではないかと考えられる。このような状況
に歯止めをかけ、人々の信頼と連帯に支えられた社会を構築する
ことが急務の課題である。本書のキーワードであるソーシャル・
キャピタルはこういった憂慮すべき事態への処方箋になるであ
ろう。

3　ソーシャル・キャピタル概念の 再検討

3.1　ソーシャル・キャピタルの定義

　ソーシャル・キャピタルという言葉が歴史の表舞台に登場したのは19世紀のことである。アメリカの哲学者、教育者であるジョン・デューイ（John Dewey）は、多数の論文の中でこの言葉を使っていた。彼の著作 *The School and Society* では、コミュニティや地域社会への帰属意識の形成における学校の重要性に加え、教育を通じて学校がコミュニティや地域生活の中心となりうることを論じている[①]。

　ソーシャル・キャピタルを最初に概念化したのは、フランスの社会学者ブルデューである。彼はソーシャル・キャピタルを社会的ネットワーク関係の総和として捉え、個人の様々な報酬に影響を及ぼすとした[②]。

　そして、アメリカの社会学者であるジェームズ・コールマン（James Coleman）によれば、ソーシャル・キャピタルは緊密な社会的ネットワークに由来するものである。人的資本の創造、伝達、獲得にとってプラスの社会的条件であると論じている。コールマンは、機能主義の観点からソーシャル・キャピタルを定義し、緩やかな社会的ネットワークが社会資本を生み出す可能性を排除し、ソーシャル・キャピタルの負の効果を否定している[③]。

　もう一つポピュラーな定義は、パットナムによるものである。パットナムは、コミュニティの公共活動に積極的に参加する市民

[①] John Dewey, *The School and Society*, Chicago: University of Chicago Press, 1907.

[②] Pierre Bourdieu and Loïc J. D. Wacquant, *An Invitation to Reflexive Sociology*, Chicago: University of Chicago Press, 1992.

[③] James S. Coleman, *Foundations of Social Theory*, Cambridge, MA: The Belknap Press of Harvard University Press, 1990.

の密接なネットワーク構造が、人々の間に高いレベルの信頼をもたらすと強調している。彼は、「物的資本や人的資本とは対照的に、ソーシャル・キャピタルとは、信頼・規範・ネットワークといった社会組織の特性を指し、協力的行動を促進することによって社会の有効性を高めることができる」[1]と指摘している。

Fukuyama(1996)は、ソーシャル・キャピタルと信頼の度合いを同一視し、信頼度の高い民族は協力関係や規模の経済を発展させやすく、市場資本主義の発展に貢献し、その逆もまた然りと主張する[2]。社会学の立場から、ナン・リン(2008)は、ソーシャル・キャピタルとは、社会的ネットワークに埋め込まれた資源で、行為者が行動する際にアクセスし、利用できるものであると論じている[3]。

このように、ソーシャル・キャピタルについては、学者によって様々な視点から異なる解釈がなされているが、それに関する研究が本格的に行われたのは1980年代からである。日本においては主に2000年代に入ってからである[4]。特にパットナムの研究に基づいた分析が大半を占める。パットナムの研究が主流となった理由

---

① ロバート・パットナム(河田潤一訳)『哲学する民主主義―伝統と改革の市民的構造―』(NTT出版、2001年)206―207ページ。

② Fukuyama Francis, *Trust: The Social Virtues and the Creation of Prosperity*. New York: Free Press, 1996.

③ ナン・リン(筒井淳也ほか訳)『ソーシャル・キャピタル―社会構造と行為の理論―』(ミネルヴァ書房、2008年)32ページ。

④ 学術雑誌データベース、Cinii(サイニー)でキーワード「ソーシャル・キャピタル」を入力し、2000年までを検索すると1件、2001年から2010年までを検索すると765件、2011年から2017年までを検索すると917件ヒットする。

は、言うまでもなく、1993年と2000年に出版した著書①において、ソーシャル・キャピタルの概念の具体化とともに、測定が可能にいくつかの指標を合成した指数を示し、ソーシャル・キャピタル研究にとってエポックを画したからである。

　さらに、内閣府が委託調査を行った「平成14年度　ソーシャル・キャピタル：豊かな人間関係と市民活動の好循環を求めて」において、次のような定義が行われた。「アメリカの政治学者、ロバート・パットナムによれば、『ソーシャル・キャピタル』とは、『社会的な繋がり（ネットワーク）とそこから生まれる規範・信頼』であり、共通の目的に向けて効果的に協調行動へと導く社会組織の特徴とされる」②。内閣府のこの委託調査は、日本におけるその後のソーシャル・キャピタル研究の方向性を示した結果となった。なぜならば、多くの研究がそこで示された測定方法や定義に基づいて研究を行ったからである。

　しかし、後述するように、パットナムの研究はソーシャル・キャピタル研究の大きな二つの流れの片方に該当するものである。ソーシャル・キャピタル研究には、ソーシャル・キャピタルを個人財として扱う研究と、集合財として扱う研究と分けることができる。パットナムの研究は後者に当たる。すなわち、あるグループは集合財としてソーシャル・キャピタルがどれだけ形成され、そのソーシャル・キャピタルがグループにどのような影響を与え

---

① （a）Robert D. Putnam, *Making Democracy Work: Civic Traditions in Modern Italy*, Princeton: Princeton University Press, 1993.（b）Robert D. Putnam, *Bowling Alone: The Collapse and Revival of American Community*, New York: Simon & Schuster, 2000.

② 日本、内閣府、「平成14年度　ソーシャル・キャピタル：豊かな人間関係と市民活動の好循環を求めて」（2003年6月19日）[https://www.npo-homepage.go.jp/toukei/2009izen-chousa/2009izen-sonota/2002social-capital]（最終検索日：2022年1月14日）。

るかを議論する。一方、ソーシャル・キャピタルを個人財として捉える研究は、個人が社会関係やネットワークにどのようにアクセスし、どのような利益を得ているかを議論する。ただし、ここで言う「個人」は必ずしも「個人」を指すものではなく、「個」としての「グループや組織」を含む意味として用いられる。

　本章において、研究の潮流を以上のように二つに分けることからはじめる理由は、本書の分析と密接な関係があるからである。本書は、ソーシャル・キャピタルを個人財として捉える分析と、ソーシャル・キャピタルを集合財として捉える分析をともに行う。

　まずソーシャル・キャピタルの概念をより明確にするために、ソーシャル・キャピタル研究の系譜を概観し、リンやバートのモデルを検討し、次にモデルの統合を試みる。

3.2　ソーシャル・キャピタル研究の系譜

　ソーシャル・キャピタルを定義するためには、まず資本（Capital）を定義する必要がある。資本の定義をいち早く行ったのは、筆者が知ってる限り、アダム・スミスである。スミスは、著名な『諸国民の富』において、現代的意味におけるソーシャル・キャピタルの定義にきわめて近い概念を示している。スミスの説明した資本とは、「収入をもたらすことが期待されるもの」である。具体的な例としては、衣服（消費財）、機械や建造物（固定資産）、材料や貨幣（流動資産）、教育や訓練によって習得した技術を挙げている[1]。この定義は、のちに取り上げるマルクス（Marx）をはじめとする大勢の経済学者の捉え方とは大きく異なるものである。すなわ

---

[1]　アダム・スミス（大内兵衛、松川七郎訳）『諸国民の富』（岩波書店、1969年）
　448—458ページ。

ち、無形の技術をも資本として説明することによって、ソーシャル・キャピタルは「目的的行為によってアクセス・動員される社会構造に埋め込められた資源」[①]としたリンの定義に非常に近い。

　リンは、自分の行った定義を新資本理論と名付けた。この区分は彼が古典理論としたマルクスの定義と区分するためであったが、このような意味において、リンが行った新旧理論の分け方には同意しないが、議論を進めるために、とりあえずそのまま引用する。

表3-1　資本理論

項目	古典理論	新資本理論		
		人的資本	文化資本	ソーシャル・キャピタル
理論家	Marx	Schults, Becker	Bourdieu	Lin, Burt Flap, Coleman	Putnam, Coleman, Bourdieu
資本の概念	商品の流通及び生産への投資	技術や知識に対する投資	支配的価値の内面化	社会ネットワークに対する投資	互酬性に対する投資
分析対象	階級構造	個人	個人・階層	個人	グループ

注：Nan Lin（1999：30）より抜粋。

　表3-1が示しているように、リンはシュルツ及びベッカーの行った人的資本（Human Capital）、ブルデューの文化資本（Cultural Capital）、そしてソーシャル・キャピタルを新資本理論と名付けた。その理由について、リンは次のように説明する。マルクスは、

[①] ナン・リン（筒井淳也ほか訳）『ソーシャル・キャピタル—社会構造と行為の理論—』（ミネルヴァ書房、2008年）38ページ。

社会における階級搾取の過程として資本を捉えるマクロ分析を
行ったが、新資本理論では、労働者個々人の行為として必要な投資
をいかに行うかというミクロ分析を行っている。また、労働者の
行為や選択において、マルクスは資本家のみが自由な行為主体者
としているが、新資本理論では、労働者は行為や選択の主体である
と分析している[1]。

　しかし、前述したように、スミスは資本をミクロの概念として捉
えており、労働者の資本蓄積について行為と選択を前提している。
リンの分類にしたがうと、スミスの資本概念も新資本理論に入る
ことになる。したがって、マルクスの資本概念を古典理論とする
よりは、それぞれ異なる時代を背景とした資本概念の変遷過程と
しての説明がよりわかりやすい。リン自身の初期研究を見ると、
ソーシャル・キャピタルに関する研究よりむしろ人的資本に関す
る研究が主であった[2]。表3-1が示しているように、リンの大きな
貢献は、ソーシャル・キャピタルを個人財として扱う研究と、集合
財として扱う研究とに分けることによって、ソーシャル・キャピ
タルの概念をより具体化したところにある。

　どころで、リンが分類した表3-1を見ると、ブルデューとコール
マンは複数のカテゴリーに名前を載せている。この二人の研究領
域がそれだけ広いという解釈もできるが、主に研究舞台は20世紀
70年代から80年代までであった。ブルデューが力を入れたとこ
ろは文化資本である。ブルデューは文化を象徴化と意味のシステ
ムとして定義し、彼にとって文化資本とは象徴と意味の社会的実

---

① ナン・リン（筒井淳也ほか訳）『ソーシャル・キャピタル─社会構造と行為の理
　論─』（ミネルヴァ書房、2008年）21─22ページ。

② 例えば、Nan Lin, *The Study of Human Communication*, Indianapolis: Bobbs-Merrill,
　1973は代表的である。

践と社会的再生産という現象を分析するために考えられた概念である①。このように文化資本の研究から出発したブルデューはのちに資本の維持や再生産ができる閉鎖的組織のソーシャル・キャピタル研究に発展していく。

　コールマンは人的資本の研究から出発してソーシャル・キャピタルの研究に研究範囲を広げた。コールマンは、人的資本とソーシャル・キャピタルの違いについて、図3-1を用いて説明する。すなわち、A、B、Cという3人がいた場合、人的資本はそれぞれの交点（Node）であり、ソーシャル・キャピタルは交点を結ぶ線であると説明する②。この研究において、コールマンにとってのソーシャル・キャピタルはネットワーク、つまり個人財である。

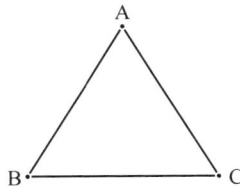

図3-1　コールマンのソーシャル・キャピタルの概念

注：James S. Coleman（1990:305）より作成。

　しかし、コールマンが常にソーシャル・キャピタルをネットワークとして捉えたわけではない。コールマンは緊密なまたは閉じたグループこそが集合的資本の維持と集団の再生産を可能にす

① ナン・リン（筒井淳也ほか訳）『ソーシャル・キャピタル─社会構造と行為の理論─』（ミネルヴァ書房、2008年）17ページ。

② James S. Coleman, *Foundations of social theory*, Cambridge, MA: The Belknap Press of Harvard University Press, 1990, p.304.

ると分析し[①]、ソーシャル・キャピタルの利益が各個人にすぐ帰属
されるのではなく、時間をかけてグループ全体に反映されるため、
ソーシャル・キャピタルの多くは集合財であると把握した研究も
ある[②]。以上のように、コールマンの研究はソーシャル・キャピタ
ルを個人財としても、集合財としても把握している。

　他方、パットナムはソーシャル・キャピタルという研究の系譜
として、ハニファン（Hanifan）の1916年の研究、1960年代のジェイ
コブズ（Jacobs）の研究、1970年代のラウリー（Loury）の研究、20世紀
70年代から80年代にかけてのブルデュー、そしてコールマンの研
究を取り上げている[③]。

　以上のようなリンとパットナムの整理にしたがい、ソーシャ
ル・キャピタル研究の系譜を再整理すると、図3-2のように
なる。

[①] James S. Coleman, *Foundations of Social Theory*, Cambridge, MA: The Belknap Press of Harvard University Press, 1990, pp.313-315.

[②] James S. Coleman, *Foundations of Social Theory*, Cambridge, MA: The Belknap Press of Harvard University Press, 1990, pp.316-317.

[③] ロバート・パットナム（河田潤一訳）『哲学する民主主義―伝統と改革の市民的構造―』（NTT出版、2001年）14―15ページ。なお、それぞれ代表的な研究は次の通りである。(a)Lyda Judson Hanifan, "The Rural School Community Center", in *The ANNALS of the American Academy of Political and Social Science*, Vol.67, 1916, pp.130-138.(b)Jane Jacobs, *The Death and Life of Great American Cities*, New York: Random House, 1961.(c)Pierre Bourdieu, "The Forms of Capital", in John G. Richardson (ed.), *Handbook of Theory and Research for the Sociology of Education*, New York: Greenwood Press, 1986, pp.241-258.(d)James S. Coleman, "Social Capital in the Creation of Human Capital", in *American Journal of Sociology*, Vol.94, 1988, pp.S95-S210.

```
┌──────────────────────┐
│       初期研究         │
│ ハニファン、ジェイコブズ、 │
│      ラウリー          │
└──────────────────────┘
          ⇩
┌──────────────────────┐        ┌──────────────────┐
│ ソーシャル・キャピタルの   │ ⇦    │ 1970年代と1980年代 │
│      体系的研究        │        └──────────────────┘
│ ブルデュー、コールマン    │
└──────────────────────┘
          ⇩
┌──────────────────────┐        ┌──────────────┐
│ ソーシャル・キャピタル研究の │ ⇦   │ 1990年代以降   │
│       細分化          │        └──────────────┘
└──────────────────────┘
      ↙          ↘
┌──────────────┐  ┌──────────────┐
│ 個人財として扱う │  │ 集合財として扱う │
│     研究      │  │     研究      │
│ リン、バート    │  │ パットナム     │
└──────────────┘  └──────────────┘
```

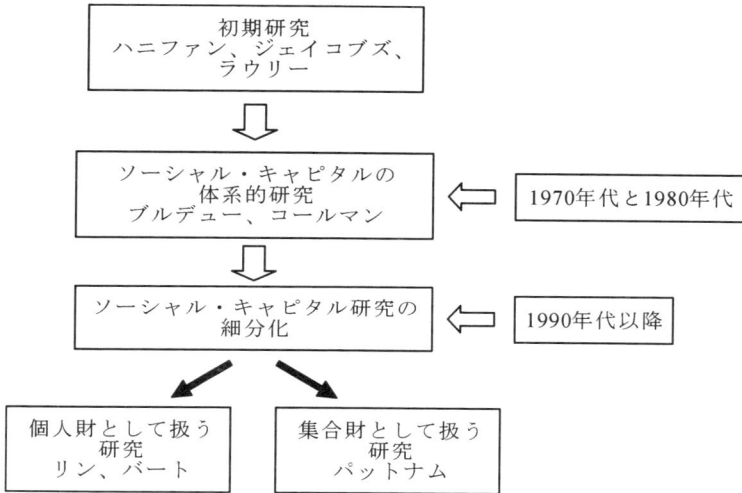

図 3-2　ソーシャル・キャピタル研究の系譜

注:筆者より作成。

　もちろん、図3-2の系譜に名前を挙げてないからと言って、学問的評価が与えられないという意味ではない。1990年代後半は、ソーシャル・キャピタルに関する議論が、社会学、経済学、経営学、政治学などの様々な分野に深く入り込んだ時期でもある。例えば、Rafael La Porta et al.(1997)は、信頼やソーシャル・キャピタルが経済をはじめ官僚の質といった政府の効率性、インフレ率や教育システムの質といった社会の効率性などに有意な影響を与えることを示している[1]。

　また、世界銀行は、1990年代後半にソーシャル・キャピタルの調査と研究を始め、ソーシャル・キャピタルには、組織構造、関係、態度、価値観などが含まれ、人々の行動を支配し、経済と社会の発展

---

[1] Rafael La Porta, et al., "Trust in Large organizations", in *American Economic Review*, Vol.87, No.2, 1997, pp.333-338.

に有益な存在であると考える。OECDは、カナダヒューマン・リソース開発局との共同専門家会議でソーシャル・キャピタルを「グループ内ないしはグループ間の協力を容易にさせる規範、価値観、理解の共有を伴ったネットワーク」と定義した[1]。

　以上のように、ソーシャル・キャピタルに関する研究は、初期のハニファンから始まり、20世紀70年代から80年代にかけての研究蓄積期を経て、今は異なる二つの分析方法が示されている。それぞれの代表的な研究者はリン、バート及びパットナムである。次節では、ソーシャル・キャピタルを集合財として扱う研究の代表者であるパットナムの中心概念を把握する。

3.3　パットナムにとってのソーシャル・キャピタル

　前述したように、パットナムの研究については日本で多くの研究を取り上げているので、改めて議論するまでもない。したがって、本章においては、必要なところのみ触れておきたい。パットナムは、ソーシャル・キャピタルを次のように定義している。「ソーシャル・キャピタルは、協調活動を促進することによって社会の効率性を向上できる、信頼、規範、ネットワークといった社会組織の特徴をいう。」[2]この定義に基づき、内閣府の依頼調査では図3-3

---

[1]　また、稲葉陽二『ソーシャル・キャピタル入門：孤立から絆へ』(中央公論新社、2011年)は、ソーシャル・キャピタルの基本要素として、信頼、ネットワーク、互酬性の規範といったパットナムの定義の上に「心の外部性」を加え、ソーシャル・キャピタルを「心の外部性を伴った信頼・規範・ネットワーク」と定義している。

[2]　Robert D. Putnam, *Making Democracy Work: Civic Traditions in Modern Italy*, Princeton: Princeton University Press, 1993, p.167.なお、ロバート・パットナム(河田潤一訳)『哲学する民主主義—伝統と改革の市民的構造—』(NTT出版、2001年)206—207ページには、「社会資本は、調整された諸活動を活発にすることによって社会の効率性を改善できる……」と訳している。

のような概念図が示された。

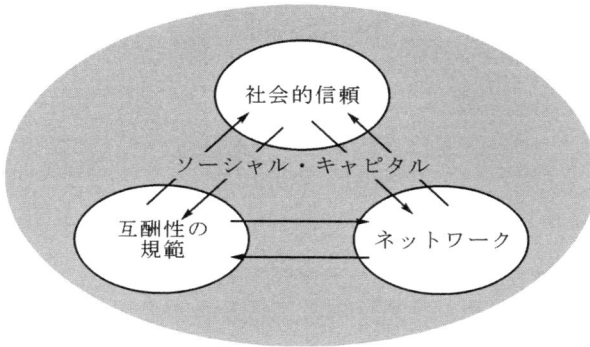

図 3-3　ソーシャル・キャピタルの概念イメージ

注：内閣府（2003）、『平成 14 年度　ソーシャル・キャピタル：豊かな人
　　間関係と市民活動の好循環を求めて』、p.15 より作成。

　この調査報告が示したソーシャル・キャピタルの概念は、社会
的信頼、互酬性の規範、ネットワークを同列に扱っているところに
特徴がある。しかし、パットナムの研究を調べてみると、社会的信
頼、互酬性の規範、ネットワークがソーシャル・キャピタルの構成
要素であるとは説明しているものの、同列の概念として議論して
いるところは見当たらない。

　さらに、同列ところが、「社会的信頼は、相互に関連する二つの源
泉─互酬性の規範と市民的積極参加のネットワーク─から現れる
可能性がある」[1]と述べ、互酬性とネットワークが信頼を生むルー
トであると説明している。また別の研究において、「ソーシャル・
キャピタルが指し示しているのは、個人間の繋がり、すなわち社会
的ネットワーク、及びそこから生じる互酬性と信頼性の規範であ

───────────────

[1]　ロバート・パットナム（河田潤一訳）『哲学する民主主義─伝統と改革の市民的
　　構造─』（NTT 出版、2001 年）212 ページ。

る」①と説明し、互酬性と信頼がネットワークを構成すると把握している。すなわち、パットナムにとって、ソーシャル・キャピタルの諸資源である、社会的信頼、互酬性の規範、ネットワークは、それぞれ独立して同列に存在するものではない。

このようにパットナムにとってのソーシャル・キャピタルの概念を把握すると、ソーシャル・キャピタルの測定に柔軟性がもたらされる。実際、パットナム(2000)において、様々な指標、すなわち国民投票参加度、新聞購読率など、いくつかの指標を合成した指標を作成してソーシャル・キャピタルを測定した②。パットナムが指摘しているように、ソーシャル・キャピタルは、現代の複雑な社会の様々な領域に広範にまたがるものである③。したがって、ソーシャル・キャピタルを測定する際、社会的信頼、互酬性の規範、ネットワークといった固定した項目に執着する必要は全くない。

パットナムにとって、ソーシャル・キャピタルは、前述したように、集合財である。「信頼、規範、ネットワークのような社会資本(ソーシャル・キャピタル)の一つの特色は、普通は個人財である通常資本とは違い、普通は集合財である点である。」④また、「信頼、規範、ネットワークといった社会資本(ソーシャル・キャピタル)の諸資源は、自己強化的で累積的となる傾向がある。好循環は、高

① ロバート・パットナム(柴内康文訳)『孤独なボウリング—米国コミュニティの崩壊と再生—』(柏書房、2006年)14ページ。
② ロバート・パットナム(柴内康文訳)『孤独なボウリング—米国コミュニティの崩壊と再生—』(柏書房、2006年)31—220ページ。
③ ロバート・パットナム(柴内康文訳)『孤独なボウリング—米国コミュニティの崩壊と再生—』(柏書房、2006年)26ページ。
④ ロバート・パットナム(河田潤一訳)『哲学する民主主義—伝統と改革の市民的構造—』(NTT出版、2001年)211ページ。

い水準の協力、信頼、互酬性、市民的積極参加状態が織りなす社会的均衡に帰着する。これらの諸特性は、市民共同体の特有の特徴をなす」①。さらに、パットナムは、ソーシャル・キャピタルが個人財であるとしても、その影響はその個人のみに及ぶものではないので、集合財であると説明する。「繋がりに乏しい個人であっても、繋がりに富む社会に住んでいる場合はそこからあふれでた利益を得ることができる場合もある。」②すなわち、近所との付き合いが全くなく、ほとんどの時間を旅行などで過ごしている人も、共同体の人々がお互いの家から目を離さないことによって治安がよくなり、その利益を得ることができる。このようにパットナムは、研究全般を通し、ソーシャル・キャピタルの前提として常にコミュニティを置く。

　パットナムの研究には非常に長い期間のデータを分析する特徴がある。イタリアの1970年代と1980年代のソーシャル・キャピタルの背景について説明するために、イタリアの歴史を800年も遡って調査した。パットナム（2000）においても100年間のデータを使用した。その結果、因果関係が具体化できない問題を抱える。「市民共同体は、はるかに遠い過去にその歴史的起源を有する」③と述べ、歴史決定論的な立場をとる。北イタリアのソーシャル・キャピタルが千年近い年月を通じて形成されたとしたら、それに比較された南イタリアはこれからどうすればいいのか、解決策が

---

① ロバート・パットナム（河田潤一訳）『哲学する民主主義―伝統と改革の市民的構造―』（NTT出版、2001年）221ページ。

② ロバート・パットナム（柴内康文訳）『孤独なボウリング―米国コミュニティの崩壊と再生―』（柏書房、2006年）16ページ。

③ Robert D. Putnam, *Making Democracy Work: Civic Traditions in Modern Italy*, Princeton: Princeton University Press, 1993, p.219.

見つからない。つまり、効果的な政策提言ができないというジレンマに陥ってしまう。

この問題は2000年の研究においても同じである。パットナムが、処方箋を書いたと思わせた「何がなされるべきか?」を見ても、政策提言のような内容は見当たらない。代わりに、「市民参加の低下という国家的問題に対し、いかなる万能薬を宣言することも不可能であることは私もよく認識している……社会関係資本の蓄積を再興するための方法を見いだすのは、国家的かつ10年はかかる課題であり、一人の学者、あるいは一つのグループによって実現できるものではない」[1]と述べ、処方箋を出すのは自分の仕事ではないことを明らかにしている。パットナムがソーシャル・キャピタルを集合財として捉え、各コミュニティの比較分析や、コミュニティの時系列変遷過程を明らかにすることは大きな意味がある。しかし、分析のみにとどまっては完全ではない。

ソーシャル・キャピタルに関する分析結果は、政治学や社会学にとどまらず、開発経済学、経営学、国際経済学など広い範囲で注目されている。特に貧困の問題や、経済格差などに関連すると、歴史的結果であるという結論は受け入れがたい。言うまでもなく、自治体の役割など積極的な対応が必要である。これについては次節の議論と合わせて論じたい。

3.4　バートの構造的空隙論

リンとバートは、前述したように、ソーシャル・キャピタルを個人財として扱う研究の代表的な研究者である。リンは、「社会関係資本アプローチにおいて、資本は、行為者が属するネットワークや

---

[1] ロバート・パットナム(柴内康文訳)『孤独なボウリング―米国コミュニティの崩壊と再生―』(柏書房、2006年)499ページ。

グループにおける成員同士の繋がりと、そのネットワークやグループに存在する資源へのアクセスからなる社会的資産とみなされるのである」[1]と述べ、あくまでも「個人」が行為の主体であることを明らかにしている。

　リンは、ソーシャル・キャピタル理論には、どのレベルで利益を捉えるべきかという問題に対し、二つの観点が存在するとしたのち、「利益が集団のために生じるとみなす観点と、個人のために生じるとみなす観点である。一方の観点では、個人による社会資本（ソーシャル・キャピタル）の利用に焦点を当てている……この観点に立脚した分析は、（1）個人がどのように社会関係に投資を行うか、（2）利益を得るという目的のもと、個人がどのように関係に埋め込まれた資源を獲得するか、ということに注目した研究がほとんどである」[2]と説明する。

　なお、リンは、ソーシャル・キャピタルについて次のように定義する。「市場で利益の期待をもって行う社会諸関係への投資である社会資本（ソーシャル・キャピタル）は、意図した行為によってアクセスまたは（及び）組織される社会構造に埋め込まれた諸資源、と定義されるべきである。」[3]このようにソーシャル・キャピタルの定義を行ったリンは、引き続き、ソーシャル・キャピタルの研究課題として、（1）価値のある資源は社会にどのように分布しているか、（2）構造的に埋め込まれた資源に対し、個人が相互関係や社会

[1]　ナン・リン（筒井淳也ほか訳）『ソーシャル・キャピタル―社会構造と行為の理論―』（ミネルヴァ書房、2008年）24―25ページ。

[2]　ナン・リン（筒井淳也ほか訳）『ソーシャル・キャピタル―社会構造と行為の理論―』（ミネルヴァ書房、2008年）27ページ。

[3]　Nan Lin, *Social Capital: A Theory of Social Structure and Action*, Cambridge: Cambridge University Press, 2001, p.29. ただし、訳書とは若干異なる日本語訳を行った。

的ネットワークを通じてどのようにアクセス可能になるのか、（3）利益に動員できるそのような社会関係にどのようにアクセスできるか、という三つのことを挙げている。

　リンは、このような考えのもと、コミュニティや社会における集団間において、ソーシャル・キャピタルの分配がどの程度不平等であるかを研究した。すなわち、ソーシャル・キャピタルは人的資本と有意に関連していることを明らかにした。リンの研究は、ソーシャル・キャピタルのような様々なタイプの資本の不平等が、社会経済的地位や生活の質などの社会的不平等を生み出しているという仮説を裏付ける。

　リンのソーシャル・キャピタル研究は、別の表現をすると、ネットワーク研究である。ソーシャル・キャピタル研究をネットワークに限定した場合、個人やグループ間のことは分析できるとしても、ある地域といったコミュニティは分析できない。その意味で個人財の分析になる。また、労働市場といった閉じられた空間、すなわちグループ横断的分析は難しい。この課題に挑戦した研究がバートの構造的空隙論（Structural Holes）である。

　まずバートは、図3-4のように、三つのグループ、AとBとCが存在する社会組織を仮定する。黒い点はそれぞれグループの成員であり、成員を結ぶ実線と点線は紐帯の強弱を表す。

　ソーシャル・キャピタルを個人財として扱う多くの研究においては、リンが労働市場のみを分析したように、それぞれグループ内の分析が中心であった。バートの議論は、初めから複数のグループを想定しているところに特徴がある。図3-4において、Bグループのみを仮定した場合、パットナムとコールマンのうち、どちらがソーシャル・キャピタルに富んでいるであろうか。言うまでもなく、ネットワークの数が多いコールマンの方が有利である。

　しかし、現実的世界ではあるグループのみが存在するわけでは

ない。バートは、このことに着目している。図3-4を見ると、グ
ループAとグループB、グループBとグループCは繋がっているが、
グループAとグループCは繋がっていない。バートはこの構造を
構造的空隙と呼ぶ。なお、一つのグループのみを分析することを
閉鎖的ネットワーク（Network Closure）という。

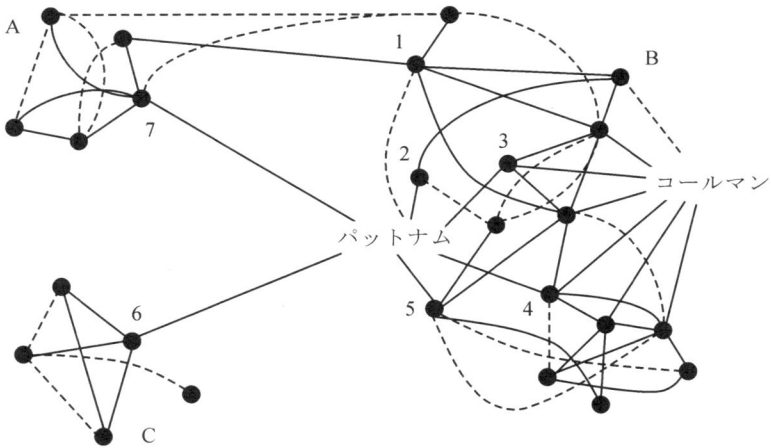

図3-4　パットナムとコールマンのネットワーク

注：Ronald S. Burt（2001：33）より引用。

　グループAとグループCの間に構造的空隙が存在し、グループA
とグループCが情報をやり取りするためには、パットナムの役割が
必要になる。この結果、閉鎖的ネットワークにおいては、コール
マンの方がより高いパフォーマンスが期待できるが、構造的空隙
が存在することによって、実際はパットナムがコールマンより多
くのソーシャル・キャピタルを有すると分析する。実証分析はこ
の仮説を裏付ける。バートの研究は、閉鎖的ネットワークと構造
的空隙が存在するネットワークを対比させ、グループの連結網の
役割を果たすパットナムの存在に焦点を当てるところに特徴が

ある[1]。

3.5 おわりに

　ソーシャル・キャピタルを個人財として捉える研究は、先にも
述べたように、一般的に閉鎖的ネットワークを前提する。また
ソーシャル・キャピタルを集合体として捉えるパットナムの研究
は、課題を解決する処方箋が見いだせない。このようにまとめる
と、バートの議論は有益なアイディアを提供する。

　ソーシャル・キャピタルを個人財として捉える研究は、個人が
社会関係やネットワークにどのようにアクセスし、どのような利
益を得ているかを議論する。これは、不平等の問題を議論すると
きに非常に有効な研究方法である。しかし、リンは閉じられたグ
ループを対象としたが、分析対象をコミュニティのネットワークに
広げることもできる。図3-5を見てみよう。

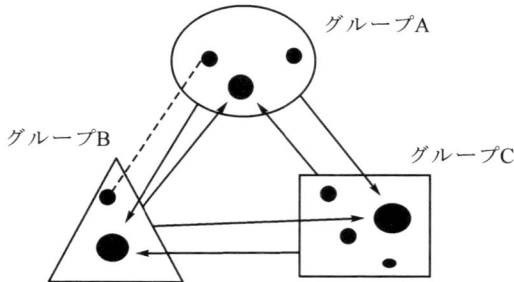

図3-5　「社会財」としてのソーシャル・キャピタル

注：筆者より作成。

---

① 以上の説明は、Ronald S. Burt, "Structural Holes Versus Network Closure as Social
Capital", in Nan Lin, Karen S. Cook and Ronald S. Burt (ed.), *Social Capital:
Theory and Research*, New York: Aldine de Gruyter, 2001, pp.33–36による。

　グループA、グループB、グループCを仮定する。黒い点は、それ
ぞれグループの成員である。点の大きさはソーシャル・キャピタ
ルの豊かさを表す。グループ内の小さい点と大きい点(不平等問
題)、それからグループAとグループBの成員間の繋がり(点線)は、
リンやバートが議論した、ソーシャル・キャピタルを個人財とし
て捉える研究で示されたモデルである。

　一方、パットナムの研究に代表される、あるグループは集合財と
してソーシャル・キャピタルがどれだけ形成され、そのソーシャ
ル・キャピタルがグループにどのような影響を与えるかを議論す
る研究は、図3-5のそれぞれのグループの形として表される。

　しかし、例えばグループBの形を三角形からグループのAの楕円
形へ変える必要が生じた場合、グループBがグループAの有力な関
係者(大きい点)にアクセスすることはできる。実際の現実の世界
はこのモデルが一般的である。会社の業績が悪くなると、外部か
らCEOを迎え入れ、会社の体質を変え、成功した事例はいくらでも
ある。また、ある地域は、ある企業の投資を受け入れ、地域活性化
に成功した例も多くある。

　パットナムにとってソーシャル・キャピタルは、「信頼、規範、
ネットワークといった社会組織の特徴」であった。そして、リンに
とってソーシャル・キャピタルは、「社会構造に埋め込まれた諸資
源」であった。

　このようにまとめると、例えば愛郷心、人脈などもソーシャル・
キャピタルを構成する重要な資源になりうる。本書の第7章で議
論する日本の「ふるさと納税」活動や華僑華人の帰属意識も当然
ソーシャル・キャピタルの構成要素であると考えられる。そう
いった地域社会活性化に繋がるソーシャル・キャピタルは社会資
本財や地域財の意味を持つため、筆者は個人財と集合財と統合す
る意味として、社会財という概念を提案したい。

　図3-6のように、本書で統合したSC（人的ネットワーク）のフレームワークを表している。まず、ソーシャル・キャピタルを集合財として扱う研究は、NPO活動、市民参加やコミュニティ活動を強調した。そういった活動の参加によって、SCが形成される。そして、SCを個人財として扱う研究は、個人の社会や他人に対する信頼や個人と個人との関係を重んじている。そのような信頼関係づくりや規範の強調は、SCの強化（制度化・事業化）に繋がる。最終的に、ソーシャル・キャピタルは地域社会の活性化に繋がり、社会財（地域財）となる。「ふるさと納税」や華僑華人による送金などはそのような地域財となる。それによって、互助・共助・共生社会の熟成への貢献も期待される。

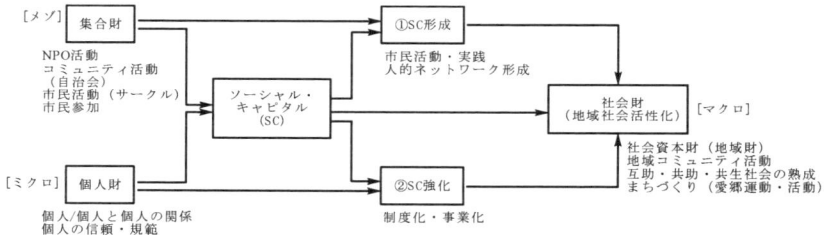

図3-6　SCのフレームワーク（統合型）

注：筆者より作成。

4　日本のソーシャル・キャピタル関連政策

4.1　政府などの文書から見たソーシャル・キャピタル

　日本政府によるソーシャル・キャピタルに関する文書をまとめて見ると、まず、2005年には、地域再生法に基づく、地域再生基本方針が閣議決定され、地域再生のための人づくり、人材ネットワークづくりの促進の中で、地域固有のソーシャル・キャピタルを活性化することが明記された。そして、2006年に、地域活性化策の推進に関して、地域ネットワークの構築の担い手に対する支援などを検討した。2013年に発表した「教育振興基本計画」においてソーシャル・キャピタルの形成に向けて環境を整備することが明記された。また、同年の社会保障制度改革の報告書では、地域の人々の間のインフォーマルな助け合いの重要性をうたっている。

　2011年には、東日本大震災を踏まえた新たな課題の「共助を重視した社会保障の機能強化」として、厚生労働省から発表された「社会保障制度改革の方向性と具体策」の中で、「ソーシャル・キャピタルの強化」や「人々の絆の再構築」などを課題として記載されている。2012年には、「飲食店営業及び喫茶店営業の振興指針」「地域保健対策検討会報告書」「国民の健康の増進の総合的な推進を図るための基本的な方針」「健康日本21（第2次）の推進に関する参考資料」「地域保健対策の推進に関する基本的な指針」など多くの文書の中で、ソーシャル・キャピタルの重要性が強調されている。さらに、2014年に厚生労働省は、各自治体の保健衛生当局に向け、ソーシャル・キャピタルの醸成及び活用に係る手引書などを配布し、ソーシャル・キャピタルと市民の健康との関係の重要さを宣伝し、いかにソーシャル・キャピタルを形成するのかに関する研究講座を行うことによって、大勢の市民が地域活動に参加するように促す。

　経済産業省と文部科学省もソーシャル・キャピタルの醸成を提

言などとして取り上げている。その中で、経済産業省は「21世紀型経済社会システムの構築」を提案したとき、企業間の信頼関係、すなわち「ソーシャル・キャピタルの形成」に焦点を当てる必要があると指摘した。文部科学省は2005年の調査報告書で、生涯学習の必要性とソーシャル・キャピタルの涵養にプラスの影響を与えると述べた。詳細は表4-1にまとめている。

表4-1　日本政府によるソーシャル・キャピタルに関する政策

実施機構	政策概要
内閣官房	1「地域再生基本方針」[閣議決定（変更）2006年2月]
	地域再生のためのひとづくり・人材ネットワークづくりの推進地域の担い手として、福祉、まちづくりなどの特定の目的で組織されたNPOなどや、講、自治会といった古くから地域に存在する地縁的な組織を再活用するなど、地域固有の「ソーシャル・キャピタル」を活性化するとともに、これらの主体を含め、地域の企業、教育機関、公共団体などが、地域の重要な政策テーマに応じて連携し、各々の役割を明確にしつつ、特定の期間内に特定の目標を達成していく取組を適切に支援できるよう検討する
	2「地域活性化策の推進に関する検討チーム」（2006年11月）
	地域の様々な担い手（自治会、企業、大学、NPO、行政など）が参加・協働し、地域の発展や課題解決に取り組む新たなネットワークの構築に向け、担い手と地方公共団体の連携手法の充実、担い手に対する省庁連携による支援などを検討する
	3「教育振興基本計画」（閣議決定 2013年6月）
	教育をめぐる社会の現状と課題の、社会の方向性として、「一人一人が公共の精神を自覚し主体的に他者と協働する意識を醸成するとともに、仕事と生活の調和の実現や学校・家庭・地域の連携強化などにより学習や社会参加を可能とする環境を整備する。これを通じ、一人一人、さらには社会全体の絆づくりを図り、社会関係資本（ソーシャル・キャピタル）を形成する

続　表

実施機構	政策概要
内閣官房	4「社会保障制度改革国民会議報告書〜確かな社会保障を将来世代に伝えるための道筋〜」(内閣官房社会保障改革担当室　2013年8月)
	日本の社会保障制度改革の方向性として、地域づくりとしての医療・介護・福祉・子育て(21世紀型のコミュニティの再生)を強調し、家族・親族、地域の人々の間のインフォーマルな助け合いである互助の重要性をうたっている
厚生労働省	1「社会保障制度改革の方向性と具体策─『世代間公平』と『共助』を柱とする持続可能性の高い社会保障制度─」(2011年5月)
	被災地が私たちに示している人と人との繋がりを大切にする姿、信頼や助け合いの精神など、国民の中に潜在的に存在する社会資本(ソーシャル・キャピタル)を強化し、人々の絆や繋がりを再構築し、新しい地域(コミュニティ)の再建を進めていくことは、復旧・復興における重要な課題である
	2「飲食店営業及び喫茶店営業の振興指針」(厚生労働省告示第148号　2012年3月)
	「営業の振興に際し配慮すべき事項」の「地域との共生(地域コミュニティの再生及び強化(商店街の活性化)」の「営業者に期待される役割」として、「『賑わい』『つがなり』を通じた豊かな人間関係(ソーシャル・キャピタル)の形成」が記載されている
	3「地域保健対策検討会報告書」(厚生労働省地域保健対策検討会2012年3月)
	「ソーシャル・キャピタル」という言葉が57回記載されている。「ソーシャル・キャピタルに立脚した健康づくり、健康なまちづくりの展開」として総論的に記載されている後、「ソーシャル・キャピタルの活用・育成」「学校や企業などの場の新たな活用」「健康づくりを通じたまちづくり」「地域医療連携体制の構築」、また、「健康危機管理事案に備えた体制整備」として「生活衛生対策」「リスク・コミュニケーションの推進による住民理解の促進」、さらに、「地域保健に関わる人材の育成・確保」としての記載がされている

続　表

実施機構	政策概要
厚生労働省	4「国民の健康の増進の総合的な推進を図るための基本的な方針」（厚生労働省告示第430号　2012年7月）
	「地域の繋がりの強化（居住地域でお互いに助け合っていると思う国民の割合の増加）」が規定されている
	5「健康日本21（第2次）の推進に関する参考資料」（厚生労働省厚生科学審議会地域保健健康増進栄養部会、次期国民健康づくり運動プラン策定専門委員会　2012年7月）
	「健康を支え、守るための社会環境の整備」及びその目標設定に関する記載においてソーシャル・キャピタルが用いられている
	6「地域保健対策の推進に関する基本的な指針」（厚生労働省告示第464号　2012年7月）
	ソーシャル・キャピタルを活用した住民との協働、健康なまちづくりの推進としてソーシャル・キャピタルの醸成、ソーシャル・キャピタルの核となる人材の発掘及び育成、健康危機が生じた場合に地域住民の心の支え合いなどについて記載されている
経済産業省	「ものづくり国家戦略ビジョン」（ものづくり政策懇談会　2005年11月）
	企業間関係レベルの経済社会システム 企業間関係をつなぐ「場」として、信頼の絆を支える人々のネットワークなどのソーシャル・キャピタルを蓄積していくことが必要である
文部科学省	「ポスト2005における文部科学省のIT戦略のあり方に関する調査研究会報告書」（2005年3月）
	生涯学習社会の目指すもの生涯学習においても、下記のような3種類の新たな「公共」の概念に対応できるよう、施策を展開する必要があると考えられる。また、これらの施策の展開により、ソーシャル・キャピタルを高めることが可能になると考えられる

注：各府省ホームページ、報告書より作成。

4.2　各府省の研究機関による検討

　政府方針の指導の下で、各府省の研究機関におけるソーシャル・キャピタルに関する検討も積極的行われた（表4-2）。

表4-2　各府省の研究機関におけるソーシャル・キャピタルに関する検討

実施機関	検討・研究状況
内閣府	市民活動とソーシャル・キャピタルとの関連を調査・分析
	国民生活局 2002 年度調査「ソーシャル・キャピタル：豊かな人間関係と市民活動の好循環を求めて」により、「ソーシャル・キャピタルの培養と市民活動の活性化には、互いに他を高めていくような関係がある可能性」「ソーシャル・キャピタルは相対的に大都市部で低く、地方部で高い」などを分析
	国民生活局 2004 年度調査「市民活動が地域にもたらす効果に関する調査」により、市民活動による経済効果をソーシャル・キャピタルの計測により分析
	経済社会総合研究所 2005 年度調査「コミュニティ機能再生とソーシャル・キャピタルに関する研究調査」により、コミュニティ機能再生メカニズムへのソーシャル・キャピタルの関与を分析し、ソーシャル・キャピタルの形成を意識した政策の検討を示唆
	経済社会総合研究所と滋賀大学 2016 年共同で地域再生とソーシャル・キャピタルとの関係について研究：「ソーシャル・キャピタルの豊かさを活かした地域活性化」
国土交通省	2004 年 7 月、国土計画局が「新たな地域力と地域社会の持続可能性を探る～地域資源産業のミッションと『共鳴のしくみ』～」を報告。人の繋がり、信頼を地域づくりの重要な要因と分析
	国土交通政策研究所 2005 年度調査「ソーシャル・キャピタルは地域の経済成長を高めるのか？―都道府県データによる実証分析―」により、ソーシャル・キャピタルが地域の経済成長に与える影響は小さいものの、有意にプラスであることを分析

続　表

実施機関	検討・研究状況
財務省	財務総合政策研究所が2006年10月「人口減少、家族・地域社会の変化と就労をめぐる諸問題に関する研究会」を発足。地域社会などが伝統的に有していた機能を補完・代替する見地からはどのような制度や政策が求められるのかなどをテーマに検討
警察庁	広島県警が広島大学と共同で「ソーシャル・キャピタルの形成と犯罪防止に関する研究」をテーマにシンポジウムを開催

注：各府省ホームページ、報告書より作成。

　具体的に、2003年、2004年、2005年には、内閣府庁舎と内閣府経済社会研究所が全国的にソーシャル・キャピタルの測定を行った。パットナムの定義を使用し、信頼、規範、ネットワークという三つの側面から、各都道府県のソーシャル・キャピタルの指標を計算し、自殺、犯罪、失業、市民参加、経済発展などとの関係を分析し、市民活動とソーシャル・キャピタルの育成の間に補完関係があることを示唆している。また、経済社会総合研究所と滋賀大学共同で地域活性化とソーシャル・キャピタルの醸成との関連を研究した。現地調査を通じ、ソーシャル・キャピタルの醸成は地域活性化の各領域に影響されていると検証した。

　国土交通省は、2004年と2005年に各県のデータを用い、ソーシャル・キャピタルと地域経済成長との関係を実証的に研究した。2006年10月に、財務省は「人口減少、家族・地域社会の変化と就労をめぐる諸問題に関する研究会」を発足し、伝統的な制度・政策の社会的機能を改善することを探索した。また、広島警察庁と広島大学共同で「ソーシャル・キャピタルの形成と犯罪防止に関する研究」をテーマにシンポジウムを開催した。

　2008年には、ソーシャル・キャピタル政策展開研究会による報告書において、ソーシャル・キャピタルの育成における政策展開

の重要性を指摘し、具体的にどのようにソーシャル・キャピタル
を様々な分野で実施するかに関する政策と方向性を示した。

4.3　各地方自治体における取り組み

　本節では、各地方自治体におけるソーシャル・キャピタルの醸
成に関する取り組みを紹介する。北海道、千葉県、鹿児島県、滋賀
県、福井県などの地方自治体において、地域社会の在り方や防犯と
ソーシャル・キャピタルとの関係について検討・提起する。

　具体的に、北海道アカデミー政策研究チームは2006年2月に
「ソーシャル・キャピタルの育成と地域力の強化」というテーマの
研究を発足した。社会機能の活性化、住民の自主性の確立、「新た
な公共」の形成などを踏まえ、将来の社会はソーシャル・キャピタ
ルと地域力の概念が必要であり、それに対応する対策と実施計画
を提案した。地域における多様な組織間が連携することにより地
域自らが課題を解決していく力、「地域力」の向上の重要性に着目
する。地域力を向上させるためには、「ソーシャル・キャピタル」
という概念を用い、地域の人々の繋がりが地域力の向上に繋がる
可能性を認識する。また、地域特性を踏まえた上で、その醸成が地
域力の形成に果たす有効性を考察するとともに、分権時代におけ
る新たな地域政策の可能性を探り、その醸成のための政策手法を
検討した。

　千葉県は2004年10月に、今後、少子高齢化が進む中で、いかに犯
罪を防いでいくか、地域コミュニティをいかに守っていくかとい
う視点で「千葉県安全で安心なまちづくりの促進に関する条例」を
施行した。同年11月には、日ごろの警察や地域における住民の横
の繋がりによる様々な取り組みを一層強化するため何ができる
か、という視点から、防犯に配慮した道路、公園、住宅、学校などの
構造に関する技術的な指針や、犯罪被害者の支援に関する指針を

制定し、それに関連する千葉県安全安心まちづくりシンポジウム
を開催した。そして、2006年3月に策定した県の中長期の基本方
針「あすのちばを拓10のちから（改訂版）」や、その具体的行動指針
「千葉新産業振興戦略」などにおいて、ソーシャル・キャピタルの
概念を導入しながら、関連施策・事業を実施した。

　鹿児島県において、2008年12月に共生・協働型地域コミュニ
ティのあり方に関する研究会が「共生・協働の地域社会と自治の
充実をめざして」を取りまとめた。新たなソーシャル・キャピタ
ルとして関係資本、文化資本とソーシャル・キャピタルを関連づ
け、目指すべき地域社会としている。

　滋賀県は、2006年3月に策定した「しがの農業・水産新戦略プ
ラン」において、目標として「農村における人と人との絆（ソーシャ
ル・キャピタル）の向上を目指す」ことを掲げ、関連施策・事業を
実施した。

　福井県では、2009年3月に「ふくい2030年の姿」検討会が『ふくい
2030年の姿・Ⅱ―私たちの暮らし　つながる希望と幸福―』を取り
まとめた。個人の暮らしに着目した指標だけでなく、地域の信頼
関係や規範、ネットワークなどソーシャル・キャピタル（社会関係
資本）の視点を取り入れ、自分の住む地域のことを考えることが必
要であるとしている①。

　このように、各地方自治体は「ソーシャル・キャピタル」という

① 以上の内容は、各自治体のホームページ、下記の報告書などより。（a）日本、農村
　振興局、「ソーシャル・キャピタルをめぐる内外の動き」（2006年12月19日）
　［https://www.maff.go.jp/j/nousin/noukei/socialcapital/pdf/data103.pdf］（最終検索日：
　2022年1月14日）。（b）日本、青森県ソーシャル・キャピタル研究会、「ソー
　シャル・キャピタルを活用した地域活性化に関する報告書」（2010年3月18
　日）［https://www.pref.aomori.lg.jp/soshiki/kikaku/chikatsu/files/2010-0318-1541.pdf］
　（最終検索日：2022年1月14日）。

キーワードでそれぞれの地域にマッチした地域政策を出した。ところが、筆者が暮らしていた佐賀県に関しては、ソーシャル・キャピタルに関連する政策はなかなか耳にしない。しかし、筆者が長年滞在していた佐賀県に日頃な生活で感じたことは、地域住民の絆や付き合いは盛んでいる。果たしてその地域は、ソーシャル・キャピタルが豊かな環境になっているかどうか、という疑問を持ちながら、次章では佐賀県のソーシャル・キャピタル形成状況について考察していきたい。

5　ソーシャル・キャピタルの実践
―佐賀県を中心に―

5.1　ソーシャル・キャピタル実践の背景

　日本では、1970年代の低成長の時代から、財政赤字の増加、少子高齢化、経済のグローバル化などの諸変化によって、政府の統治能力が疑問視されるようになった。政府の支配的な窮状を克服し、効率的な公共サービスを提供し、公的問題を解決するために、社会の自治が広く注目されている。換言すれば、企業、民間非営利団体、市民など、他の社会的主体も政府と同じように公共領域を担う主体となるべきである。

　1990年代初頭に、様々な市民団体の活動が人々の注目を集め始めた。特に1995年の阪神・淡路大震災をきっかけに多くの市民社会組織とボランティアの活動が大きく注目されるようになった。そして、1998年に『特定非営利活動促進法』（NPO法）が制定・施行されたことによって、市民社会組織の発展がさらに促進された。このような背景の中で、ソーシャル・キャピタルに関する研究は日本で流行っていた。

　1971年以来、日本の内閣府は毎年「社会的意識調査アンケート」を実施している。政府が公表したデータから、1990年代以降、社会の崩壊や社会的罹患率の上昇による社会的崩壊の不安の声が増えていることが判明した。この心理的土壌の存在はソーシャル・キャピタル論の主張を広く受け入れている。

　さらに、近年少子高齢化が進み、家族関係の希薄化、人と人との繋がりが弱まる中、「ひきこもり」「無縁社会」「孤独死」などの社会問題が浮かび上がっている。イギリスが発表した2017年版の「繁栄指数」によると、「ソーシャル・キャピタル（社会関係資本）」のランキングで、日本は全世界149ヵ国のうち、101位で、先進国の中では最低であるということがわかった。2018年1月に、英国のメイ首相は孤独の問題を取り組むために、「孤独担当相」を新たに設け

ると発表した。これは国を挙げて取り組むべき切実な問題にも関わらず、日本では、「孤独のグルメ」や「おひとりさま」など孤独を美化する風潮が社会にある。実はその裏で、日本は世界に冠たる「孤独大国」になりつつある。その中でも、高齢者の状況は深刻である。厚生労働省の国民生活基礎調査などによって、1980年代から一人暮らしの高齢者数は着実に増えている。1980年の88万人に対し、2016年は655万人に達した。

マスコミ報道によると、孤独死した人の自宅を清掃する「特殊清掃業者」が急増しているそうである。その背後には「孤独死」の厳しい状況が示唆される。業界団体によると、2013年は「特殊清掃士」の資格取得者が在籍する業者は326社であったが、2017年末までで5269社まで急増していた。業者数はわずか5年間で15倍以上増した。

孤独の問題は決して高齢者のみの問題ではない。国立社会保障・人口問題研究所の最新の推計によると、2000年に27.6%であった一人暮らし世帯は、2040年には39.3%になると見込まれる。すなわち、4人の中1人が一人暮らしになる。孤独への危機感は日本政府にも一般市民にも覚えられる必要がある。

人と人との繋がりと信頼関係を再構築するのは日本社会の課題になりつつある背景の中で、「ソーシャル・キャピタル」という言葉が登場した。第4章では日本のソーシャル・キャピタル関連政策を紹介したが、本章では佐賀県のソーシャル・キャピタルを分析し、その特徴を明らかにする。なお、関係者と市民を対象にインタビュー調査を実施し、佐賀県のソーシャル・キャピタル形成の現状を明らかにする。

5.2　佐賀県におけるソーシャル・キャピタルの現状

　佐賀県におけるソーシャル・キャピタル形成の現状を把握する
ために、日本国内にある既存データを参考すべきである。まず、内
閣府などより全国アンケート調査[①]（表5-1）を見てみよう。

表5-1　内閣府（2003）におけるアンケート設問項目

SCを捉える視点	構成要素	アンケート設問項目
①信頼	一般的信頼	一般的信頼度
	相互信頼・相互扶助	近所の人々への信頼度
		友人・知人への信頼度
		親戚への信頼度
②付き合い・交流	近隣での付き合い	近所付き合いの程度
		近所付き合いのある人の数
	社会的な交流	友人・知人との職場外での付き合いの頻度
		親戚との付き合いの頻度
		スポーツ・趣味・娯楽活動への参加状況
③社会参加	社会参加	地縁的活動への参加状況
		ボランティア・NPO・市民活動への参加状況

---

① 日本、内閣府、「平成14年度　ソーシャル・キャピタル：豊かな人間関係と市民
　活動の好循環を求めて」（2003年6月19日）〔https://www.npo-homepage.go.jp/
　toukei/2009izen-chousa/2009izen-sonota/2002social-capital〕（最終検索日：2022年
　1月14日）。

　上述したアンケート調査の結果（表5-2）によると、全国範囲で、おおむね東京や大阪などの大都市部においてソーシャル・キャピタル指数が相対的に低く、地方部の値が相対的に高い傾向にある。その中、佐賀県のソーシャル・キャピタル指数は全国8位で上位水準にある。

表5-2　都道府県のソーシャル・キャピタル指数ランキング（2003）

SC指数ランキング上位10都道府県 とそのソーシャル・キャピタル指数	SC指数ランキング下位10都道府県 とそのソーシャル・キャピタル指数
①島根県　1.79	①奈良県　▲1.03
②鳥取県　1.31	②東京都　▲1.00
③宮崎県　1.17	③大阪府　▲0.93
④山梨県　0.61	④神奈川県　▲0.87
④岐阜県　0.61	⑤高知県　▲0.80
⑥長野県　0.60	⑥群馬県　▲0.73
⑦宮城県　0.55	⑦愛知県　▲0.65
⑧秋田県　0.53	⑦千葉県　▲0.65
⑧佐賀県　0.53	⑨埼玉県　▲0.62
⑩香川県　0.43	⑨北海道　▲0.62

　その後、全国範囲のソーシャル・キャピタルに関連する調査は日本総合研究所（2005）[1]、経済社会総合研究所（2005）[2]、日本総合研

[1]　日本、日本総合研究所、「市民活動が地域にもたらす効果に関する調査」（2005年3月31日）[https://www.npo-homepage.go.jp/uploads/050719katudoukouka.pdf]（最終検索日：2022年1月14日）。

[2]　日本、経済社会総合研究所、「コミュニティ機能再生とソーシャル・キャピタルに関する研究調査」（2005年9月5日）[http://www3.keizaireport.com/report.php/RID/33990/?Ref]（最終検索日：2022年1月14日）。

究所（2008b）^①と経済社会総合研究所（2016）^②がある。佐賀県の
ソーシャル・キャピタルの特徴を考察するために、各都道府県の
ソーシャル・キャピタル指数が試算された日本総合研究所
（2008b）と経済社会総合研究所（2016）の調査結果を用いた。算出
したソーシャル・キャピタル指数の構成は表5-3の通りである。
そのうち、2007年と2016年は内閣府（2003）に基づいてボンディン
グ指数とブリッジング指数を追加した。

表5-3　ソーシャル・キャピタル指数の構成

SC指数	指数の構成	アンケート調査の設問項目
①信頼指数	一般的信頼	一般的な信頼
	相互信頼・相互扶助	旅先での信頼
②付き合い・交流指数	近隣での付き合い	近所付き合いの程度
		近所付き合いのある人の数
	社会的な交流	友人・知人との職場外での付き合いの頻度
		親戚との付き合いの頻度
		スポーツ・趣味・娯楽活動への参加状況
③社会参加指数	社会参加	地縁的活動への参加状況
		ボランティア・NPO・市民活動への参加状況

① 日本、日本総合研究所、「日本のソーシャル・キャピタルと政策〜日本総研2007年全国アンケート調査報告〜」（2008年4月30日）〔https://www.jri.co.jp/MediaLibrary/file/column/study/pdf/1735.pdf〕（最終検索日：2022年1月14日）。
② 日本、経済社会総合研究所、「ソーシャル・キャピタルの豊かさを活かした地域活性化」（2016年3月31日）〔https://www.esri.cao.go.jp/jp/esri/prj/hou/hou075/hou75_03.pdf〕（最終検索日：2022年1月14日）。

続　表

SC指数	指数の構成	アンケート調査の設問項目
④ボンディング指数	近隣での付き合い	近所付き合いの程度
	社会参加	地縁的な活動への参加状況
⑤ブリッジング指数	社会的な交流	友人・知人との学校・職場外での付き合いの頻度
	社会参加	ボランティア・NPO・市民活動への参加状況

　図5-1、図5-2と図5-3からわかるように、3回の調査結果で共通しているのは、佐賀県の付き合い指数が突出して高いという特徴である。それから、ボンディング指数とブリッジング指数を追加した2007年と2016年の結果を見れば、ボンディング指数は両方とも相対的に高い。すなわち、近隣での付き合いや地縁的な活動への参加が頻繁であるのは佐賀県のソーシャル・キャピタルの特徴と言える。

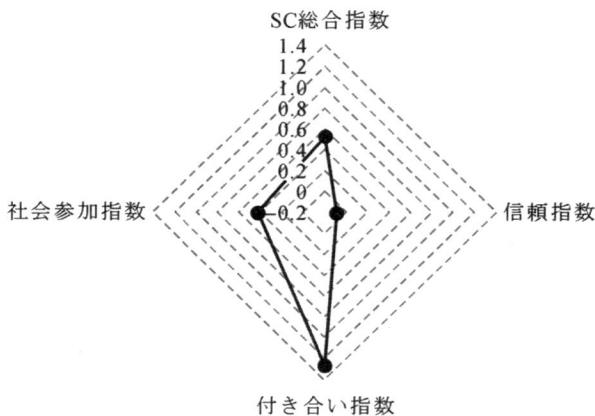

図5-1　佐賀県におけるソーシャル・キャピタルの特徴
—内閣府（2003）の調査結果—

注：筆者より作成。

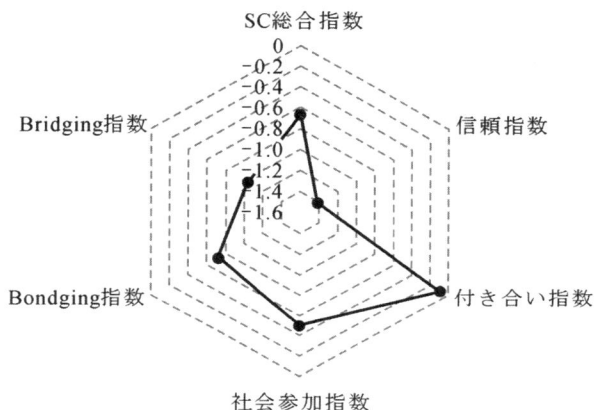

図 5-2　佐賀県におけるソーシャル・キャピタルの特徴
　　　　―日本総合研究所（2008b）の調査結果―

注：筆者より作成。

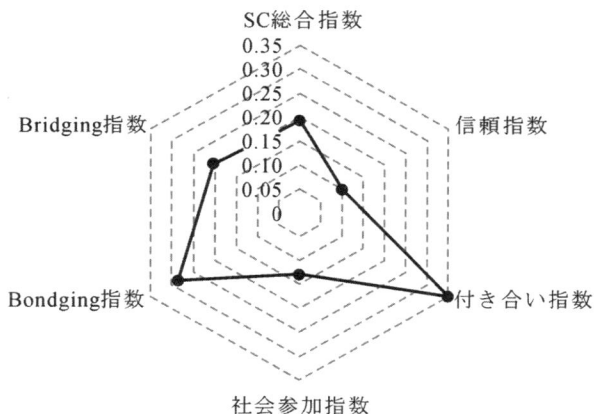

図 5-3　佐賀県におけるソーシャル・キャピタルの特徴
　　　　―経済社会総合研究所（2016）の調査結果―

注：筆者より作成。

それから、「平成28年社会生活基本調査」によると、佐賀県のボ

ランティア活動行動者率は32.6%で全国の第5位になった[①]。さらに、野村総合研究所（2017）[②]によって、佐賀県内対象として選ばれた佐賀市が評価視点別に見たランキングの「都市の暮らしやすさ」で第1位となった。その中、小項目ごとの調査結果として「地域の共助精神・コミュニティの成熟」（4位）などが佐賀市の強みである。

　ボランティア活動の行動率や地域の共助精神、コミュニティの成熟などはソーシャル・キャピタルを測る重要な要素であるため、佐賀県のソーシャル・キャピタルの蓄積が豊富であると考えられる。量的なアンケート調査はそのような結果を示しているが、さらにこの結果を裏付けるには、質的調査も必要である。また、佐賀県において具体的にどのような取り組みを行われてきたのかがまだ明らかにしていない。そのため、筆者は県職員、市職員、そして一般市民を対象にインタビュー調査を実施した。

5.3　インタビュー調査から見た地域の特性

　本節では、佐賀県におけるソーシャル・キャピタル形成に関連する取り組みを把握するために、インタビュー調査の実施状況を紹介し、分析を行う。インタビュー調査は、筆者が2018年5月18日から6月6日までに佐賀県庁、佐賀市役所などを訪問し、関係部署の職員4人と、佐賀市に在住している市民6人を対象に行ったものである。インタビュー調査の実施状況は表5-4の通りである（詳細なインタビュー内容は本書の付録にある）。

[①]　日本、総務省統計局、「平成28年社会生活基本調査」（2017年7月14日）［https://www.stat.go.jp/data/shakai/2016/index.html］（最終検索日：2022年1月14日）。

[②]　日本、野村総合研究所、「国内100都市を対象に成長可能性をランキング」（2017年7月5日）［https://www.nri.com/jp/news/newsrelease/lst/2017/cc/0705］（最終検索日：2022年4月5日）。

表5-4　インタビュー調査概要1（佐賀県職員）

記号	実施期間	実施場所	調査対象	職歴/年
①	2018年5月18日 14:00〜15:00	佐賀県庁 農林水産部会議室	佐賀県職員 N氏（男性）	32
②	2018年5月18日 16:00〜17:00	佐賀県庁 農林水産部会議室	佐賀県職員 S氏（女性）	4
③	2018年5月20日 16:00〜17:00	佐賀市レストラン・ ガスト本庄店	佐賀県職員 Y氏（男性）	30
④	2018年5月21日 13:00〜14:00	佐賀県庁 県民協働課会議室	佐賀県職員 F氏（男性）	33

　上述した関係部署の職員を対象としたインタビュー調査の主な種目は、「ソーシャル・キャピタルという概念に対する認識」「佐賀県（佐賀市）のソーシャル・キャピタルに関する取り組み」「ソーシャル・キャピタルの形成における佐賀県（佐賀市）の強み/弱み」「佐賀県（佐賀市）のソーシャル・キャピタルの近年変化とその理由」「市町村のモデル事例」である。そして、表5-5は聞き取った内容のまとめになる。

表5-5　インタビュー調査結果1（佐賀県職員）

記号	SC認識	SCに関する取り組み
①	△	佐賀県CSO提案型協働創出事業
		「ふるさと納税」を活用し、自ら資金調達に取り組むCSOを応援
		離島・県境・中山間地の現場に入り、行政と県民の協働
②	×	Woman's Saga女性の活躍推進佐賀県会議
		民間企業包括協定（災害時の応援協定など）

続　表

記号	SC認識	SCに関する取り組み
③	○	佐賀市地域づくり交流会
		佐賀市内の小学校校区を単位に「まちづくり協議会」を設定
		佐賀市民総参加子供成運動
		「参加と協働を進める指針」
		異文化交流カフェ
④	△	佐賀県のNPO法人の活動環境を豊かする ［成果：10万人当たりNPO法人数（45.15）は全国9位］
		県外CSO（NPO、NGO）誘致事業　補助金：地元雇用1人50万円

注：SCという概念に対する認識について詳しい人に「○」をつけ、言葉聞いた
　　ことがあるが、詳しくない人に「△」をつけ、全く知らない人には「×」を付
　　けた。以下同様。

　行政関係者の中、「ソーシャル・キャピタル」という概念の認知
度について、よく知っているY氏以外には、全体的に低い。その方
によると、市民交流、ネットワークなどに関わる仕事を日頃から
行っているため、元々SCの意識は高いらしい。しかし、本概念が把
握されていなくても、実際話を聞いみたら、県が取り組んでいる様
々なことが実際に地域の繋がりや、ネットワークなどSCの要素と
深く関わっていることがわかった。例えば、佐賀県に独特なのは、
CSO提案型協働創出事業、「ふるさと納税」を活用し、自ら資金調達
に取り組むCSOを応援仕組みなどがある。そして、県民協働関係
部署の方によると、佐賀県はNPO法人の活動環境は非常に豊かそ
うである。インタビュー調査で入手した内部資料によると、佐賀
県の10万人当たりNPO法人数が約45で、全国9位と位置付けてい

る。佐賀市の場合は、「地域づくり交流会」「コミュニティカフェの開設」などソーシャル・キャピタル形成に関連する取り組みが積極的に行われている。つまり、佐賀県はソーシャル・キャピタル形成のために高度な取り組みをしてきた。

　それから、筆者は、性別、年齢、職業、居住年数などの要素を考えながら、佐賀市に在住している市民6人を対象にインタビュー調査を実施した。一般市民へのヒアリングの主な項目は以下の通り：「佐賀市のボランティア環境、暮らしやすさの実感について」「ソーシャル・キャピタルという概念に対する認識」「佐賀市のソーシャル・キャピタルの近年変化とその理由」など。表5-6はインタビュー調査概要を示したものである。

表5-6　インタビュー調査概要2（佐賀市民）

記号	実施期間	実施場所	調査対象	年齢/歳	職業	佐賀市居住歴/年
⑤	2018年6月6日 16:00〜17:00	佐賀市白山ビル1階	佐賀市民 O氏（男性）	59	弁護士	21
⑥	2018年6月3日 12:00〜13:00	佐賀市大財町レストラン・グラッチェガーデンズ	佐賀市民 J氏（女性）	50	専業主婦	13
⑦	2018年6月3日 13:00〜14:00	佐賀市大財町レストラン・グラッチェガーデンズ	佐賀市民 L氏（女性）	33	司法書士	33
⑧	2018年6月3日 14:00〜15:00	佐賀市大財町レストラン・グラッチェガーデンズ	佐賀市民 M氏（男性）	23	教師	23

続　表

記号	実施期間	実施場所	調査対象	年齢/歳	職業	佐賀市居住歴/年
⑨	2018年6月1日 9：00〜9：30	佐賀市レストラン・シャローム	佐賀市民 T氏（男性）	48	料理人	6
⑩	2018年6月1日 10：00〜11：00	佐賀市レストラン・シャローム	佐賀市民 I氏（男性）	27	大学生	3

　市民に対する聞き取り調査の結果は表5-7にまとめた。

表5-7　インタビュー調査結果2（佐賀市民）

記号	SC認識	暮らしやすい	ボランティア環境良い	ボランティア経験あり	佐賀のSCが向上した	近所付き合い
⑤	×	○	○	○	○	伝統イベント参加しにくい
⑥	○	○	○	○	○	頻繁
⑦	×	○	○	○	—	—
⑧	○	○	○	○	○	頻繁
⑨	×	△	—	×	—	あまりない
⑩	×	○	○	○	○	普通

　まず、市民6人の中に、5人は「佐賀はとても住みやすい」「ボランティアをする雰囲気がある」「自分もボランティアに参加したことがある」と回答した。そのほか、1人は、「佐賀はほどほどに住みやすい」と考え、ボランティアの雰囲気についてはコメントせず、「自

分もボランティアには参加しなかった」と答えた。

　そして、佐賀県は農業県であるため、地域住民の強い絆は、県の貴重な財産であるのは間違いない。しかし、⑤番の市民（大分県出身）と⑨番の市民（熊本県出身）の話から、佐賀出身ではない者は地域の伝統行事に参加しにくいことがわかった。

　さらに、⑨番の市民の回答からわかったのは、ボランティア経験の少なさや近隣住民との交流の少なさ、それに同じコミュニティでの住民の少なさなどが、佐賀の住みにくさを感じさせている。これは、前述した佐賀県のソーシャル・キャピタルの特徴の一つ、すなわち開放性の象徴であるブリージング指数が低いことを裏付ける。そのため、伝統的かつ閉鎖的な佐賀の地縁団体では、従来の地縁団体の高い粘着性によって、市外から来た非地縁者は溶け込むことが難しいかもしれない。

　本節では、インタビュー調査の分析を行った。結果として、ソーシャル・キャピタルという概念に対し、佐賀県職員Y氏と佐賀市民J氏しか認識がなくて、全体的に認識が低いことがわかった。しかし、SCという概念を把握していなくても、実際話を聞いたら、県が取り組んでいる様々なことが実際に地域の繋がりや、ネットワークなどSCの要素と深く関わっていることがわかった。それから、市民に対するインタビューによると、佐賀は暮らしやすい地域であることが検証された。豊かなボランティア環境があり、佐賀なりの昔からの「三夜待」などの行事があり、地域の絆の強さは佐賀県の貴重な財産と言える。佐賀出身ではない市民にとって、昔ながらの地域行事への参加はまだ壁がある。総じて、在住者からすれば、佐賀のソーシャル・キャピタルの蓄積は豊富であると考えられる。

5.4　おわりに

　日本の地方自治体の中でも佐賀県のソーシャル・キャピタル形成は優れている。例えば、野村総合研究所(2017)によれば、佐賀市は「都市の暮らしやすさ」1位として選ばれた。佐賀市が1位となったのはまさにソーシャル・キャピタル形成されていたためである。本章においては、それを検証するために各関係者に対するインタビュー調査を行った。その結果、佐賀県によるソーシャル・キャピタル形成のための高度な取り組みが明らかになり、在住市民によるボランティア意識やソーシャル・キャピタルの形成状況も明らかになった。

　佐賀県をめぐるインタビュー調査の結果は、コールマンのソーシャル・キャピタルに関するテーゼを裏付けるものでもある。コールマンは、社会構造の安定性、社会的ネットワークの閉鎖性、そして政府の政策がソーシャル・キャピタルの蓄積に影響を与えると主張している。

　まず、本来の社会構造が崩壊することによって、人と人の間の様々な社会経済的関係が崩壊し、それまで存在していたソーシャル・キャピタルの基盤が失われる。日本で行われたソーシャル・キャピタルに関する全国調査では東京や大阪などの大都市のソーシャル・キャピタル指数は、地方都市に比べて著しく低い。すなわち、都市化が加速する中で、大勢の人々が地方から大都市へと移動し、安定した豊かなソーシャル・キャピタル環境から離れたため、大都市ではそれを再構築する必要があるのである。

　次に、現代社会では、閉鎖的なネットワークがソーシャル・キャピタルの蓄積速率を下げ、新しいタイプのソーシャル・キャピタルへの投資が難しくなる。佐賀県のソーシャル・キャピタルの結合度が高いことは、地域のソーシャル・ネットワークがやや閉鎖

的であることも示している。したがって、社会交流は閉鎖的な
ネットワーク内で行われ、外部の人を受け入れることは困難で
ある。

　最後に、政府の政策もソーシャル・キャピタルの蓄積に影響を
与える。日本政府の政策と佐賀県及び市政府の施策は、行政の指
導・サービス機能がソーシャル・キャピタルの育成に資するもの
であり、また地域のソーシャル・キャピタルを充実することが行
政のパフォーマンス向上にも繋がることを示している。

6 NPOスタッフの活動とソーシャル・キャピタルとの関連
—NPO法人S.S.Fを事例として—

6.1　はじめに

　日本ほど自然災害が多い国も少ない。2011年の東日本大震災は多大な被害を受けたのは言うまでもないが、2016年の熊本地震や2017年の九州北部豪雨災害などは人々の生活に大きなダメージを与えた。すると、被災地の「復興」は政府や民間にとって大きな課題になる。「復興」というと、おそらく建物や道路の再建などインフラ整備のハード面が思い浮かぶ場合が多いであろうが、アメリカの政治学者であるダニエル・アルドリッチ（Daniel Aldrich）によれば、「日常生活のリズムを取り戻すことが一番大事だ」という。世界の被災地を訪ね歩くアルドリッチによって、被災後の人口の回復に大きな影響を与えるのはソーシャル・キャピタルであることはデータで裏付けられた。すなわち、人間のネットワークや助け合い精神などは社会の復元に大きな効果を発揮している。特に、日本の地域コミュニティが衰退しつつある今日は、被災地だけではなく、あらゆる地域においてもソーシャル・キャピタルの醸成を無視してはいけない現状にある。

　パットナムは、イタリアにおける州の研究を通じ、北イタリアと南イタリアの制度パフォーマンスが大きな違いが生じた原因はソーシャル・キャピタルの蓄積の相異であると主張した。すなわち、南イタリアでは政治的、社会的参加は水平的ではなく、垂直的に組織されたので、市民的な自発的結社への関与には限界があった。それに対し、北イタリアの場合は、地域社会の諸問題への積極的な参加などが特徴となった①。

　要するに、ソーシャル・キャピタルの蓄積の源泉の一つとして、

---

① ロバート・パットナム（河田潤一訳）『哲学する民主主義—伝統と改革の市民的構造—』（NTT出版、2001年）。

市民社会の重要性が指摘された。市民社会は、政府や市場から独立して行動するグループや自発的な組織からなる。前述のように、日本における地域コミュニティはマンションの増加や転勤族の増加に伴い、町内会や自治会など既存のコミュニティに加入する者は減少の傾向にある一方、特定の地域問題において社会貢献を目指すNPOが活発になりつつある。一体NPOやボランティア組織の活動はソーシャル・キャピタルの蓄積とどのような関係を持っているのか。この問題意識の下に、本書はNPOとソーシャル・キャピタルについて注目する。

　まず、NPOとソーシャル・キャピタルに関する研究を概観する。桜井（2007）は、ボランティア・NPOとソーシャル・キャピタルとの関連性について検討した。桜井（2017）は、先行研究の考察から、ボランティア組織・NPOであっても、ボランティア活動が盛んであり、公益的な活動を行っている団体は共益的な活動をメインとするクラブ型の組織よりソーシャル・キャピタル醸成に寄与していると結論している。そのほかに、ボランティア組織・NPOが地域コミュニティと切り離される傾向にある現在、ソーシャル・キャピタルは地域コミュニティには蓄積されず、個人とボランティア組織・NPOに蓄積されていく可能性が高いため、その地域の社会問題の改善に繋がらなくなるという「ソーシャル・キャピタルのジレンマ」問題が新たに浮上する可能性も指摘している。[1]ほかにも、岡部（2016）はNPOの機能支援要因であるソーシャル・キャピタルの働きを論じた。[2]そして、佐野ほか（2016）は、ある

① 桜井政成「ボランティア・NPOとソーシャル・キャピタル—パットナムを越えて—」（『立命館人間科学研究』第14巻第3号、2007年、41—52ページ）。
② 岡部光明「コミュニティの力：市場経済における非営利組織（NPO）の機能」（『明治学院大学国際学研究』第49巻第3号、2016年、85—103ページ）。

NPOの事例を通し、親が子供のスポーツ活動に参加することと地域におけるソーシャル・キャピタルとの関連性を議論した。①

　上述の研究では、ソーシャル・キャピタルを測定する尺度として、ボランティア組織・NPOへの参加を用いる場合がある。しかし、この場合、NPO外の一般人や参加者を対象とした研究がほとんどである。そのほか、NPO内のソーシャル・キャピタルに焦点を当てた研究もいくつかある。欧米では、ソーシャル・キャピタルを生み出す能力は国家と市場からの制度的圧力のために損なわれていると主張されているが、Nakajima（2009）は日本のケーススタディを通し、NPOの制度化問題は結束型ソーシャル・キャピタルのみに存在することを証明できた。②また、その影響は、地域社会における既存のソーシャル・キャピタルとの関係の観点から、組織の特性に依存することがわかった。その結果、制度化は、既存の文献が想定しているように、ソーシャル・キャピタルを生み出す能力を必ずしも損なうわけではないが、ソーシャル・キャピタルの否定的な側面を減らし、より肯定的な側面を促進するために別の形に転換された③。

　さらに、2003年にポルトガルで行われたアンケートに調査では、

① 佐野萌子、鈴木郁弥、佐野信ほか「親が子供のスポーツ活動に参加することと地域におけるソーシャル・キャピタルとの関連―NPO法人川崎市法政トマホークス倶楽部の事例―」（『地域イノベーション』第8巻第3号、2016年、47―59ページ）。

② Tomohito Nakajima, "Nonprofit Organizations and Social Capital in Japan: An Empirical Study of the Impact of Institutionalisation", in *Sanno University Bulletin*, Vol.29, No.2, 2009, pp.1–33.

③ Tomohito Nakajima, "Nonprofit Organizations and Social Capital in Japan: An Empirical Study of the Impact of Institutionalisation", in *Sanno University Bulletin*, Vol.29, No.2, 2009, pp.25–26.

NPOの経営陣の収入は人的資本とソーシャル・キャピタルと関連することが示された。しかし、人的資本がソーシャル・キャピタルより重要であることも明らかになっているので、NPOの経営者はまず適切な教育を受け、収入を増やすためには社会的関係を築く必要があると結論がつけられた。[1]

　NPO経営者のソーシャル・キャピタルを研究することはもちろん重要であるが、NPO活動をさらに活性化するためには、その活動の実務者である従業員の役割も無視できない。それでは、NPOスタッフのソーシャル・キャピタルはNPO活動とは果たして関連しているのか。岡部（2016）はNPOメンバー間のソーシャル・キャピタルがNPOの存在と機能の基礎を提供すると指摘した[2]が、それについてまだ検証されていない。そこで、本章では、NPOに従事するスタッフに焦点を当て、スタッフのソーシャル・キャピタルとNPO活動との関連を検証することを目的とする。

　本章は以下のように構成されている。次の第6.2節では研究方法について説明する。第6.3節では研究結果について述べる。第6.4節は考察と結論でしめる。

6.2　研究方法

（1）調査対象

　本研究の調査対象はNPO法人S.S.F.に所属する役員4人、常勤職員42人、非常勤職員10人とボランティア4人、計60人である。

---

[1] Carlos Pestana Barros and Francisco Nunes, "Social Capital in Non-profit Organizations: A Multi-disciplinary Perspective", in *The Journal of Socio-Economics*, Vol.37, No.4, 2008, pp.1554-1569.

[2] 岡部光明「コミュニティの力：市場経済における非営利組織（NPO）の機能」（『明治学院大学国際学研究』第49巻第3号、2016年、95—96ページ）。

　今回調査対象としたS.S.F.は、佐賀県内において不登校やひきこもり、非行、ニートなどの若年者の自立支援に取り組んでいるNPOである。S.S.F.はアウトリーチにより不適応問題を抱える若年層を支援するという中心的な取り組みに加え、支援ネットワークの形成や就労支援、委託型共同事業などを組み合わせて複合的な取り組みを行うことにより、効果を上げている点が特徴的である。それらを実現する方策の一つとしての多様な期間・組織との共同・連携などの取り組みの特徴が明確に認められ、実際に地域における社会的セーフティーネットの拡充に大きく貢献している[1]。

（2）調査期間

　本研究の調査期間は2017年5月20日から6月18日までであった。

（3）調査手順

　調査をする前に、まず調査対象であるS.S.F.の責任者と面談し、研究の趣旨と目的を説明した。その後、S.S.F.からもらった資料に基づき、スタッフを対象として、質問紙とWEB版のアンケート調査票を作成した。5月20日に質問紙をスタッフに配布した。WEB版アンケートをS.S.F.の責任者に頼み、メールで配布してもらった。6月18日に質問紙を回収し、WEB版アンケートの調査状況をチェックした。結果として、WEB版アンケートの回答者が少ない

---

[1]　岡田正彦「NPOによる不登校、引きこもり、ニートなど対策（NPO法人スチューデント・サポート・フェイス）」（文部科学省国立教育政策研究所社会教育実践研究センター編『新たな「公共」の形成に資する社会教育のあり方に関する調査研究報告書』国立教育政策研究所、2009年、48―53ページ）。

ため、データを分析するときは質問紙の項目と合わせて考察する。

（4）調査内容

第一は調査対象の基本情報である。

①性別、②年齢、③S.S.F.での役職、④週平均勤労時間、⑤S.S.F.に参加したきっかけについて尋ねた。

第二はS.S.F.の活動に関する質問である。

S.S.F.の活動に関する質問項目については、2017年5月に同団体のスタッフであるMさんにインタビュー調査及びS.S.F.が配布している視察資料をもとに作成した。

①「子供・若者支援活動から受けた影響」について5件法（「かなりそう思う（1）」「ある程度そう思う（2）」「どちらとも言えない（3）」「あまりそう思わない（4）」「全くそう思わない（5）」）で尋ねた。質問は表6-1に示した15項目であった。

表6-1 「子供・若者支援活動から受けた影響」質問項目

1. 子供・若者の悩みが前よりわかるようになった
2. 身の回りの子供・若者への関心が深まった
3. 支援を受けている子供の親たちとの交流が増えた
4. 利害関係のない知人と交流できるようになった
5. 自分と違う分野で働いている人たちとの交流ができた
6. 楽しさが湧いてきた
7. 地域の人との交流が増えた
8. 達成感や充実感を味わえた
9. 地域への愛着心が深まった
10. 価値観を共有できる仲間ができた

続　表

11. 地域社会に対する貢献ができた
12. 地域における若者対象の就労情報が詳しくなった
13. 市役所、学校などの組織との交流ができた
14. 知らない人との関係作りがしやすくなった
15. 前より人を信用できるようになった

　②「子供・若者支援活動への心がけ」について、5件法(「かなりそう思う(1)」「ある程度そう思う(2)」「どちらとも言えない(3)」「あまりそう思わない(4)」「全くそう思わない(5)」)で尋ねた。質問は表6-2に示した8項目であった。

表6-2　「子供・若者支援活動への心がけ」質問項目

1. 子供・若者の心理健康に関する知識を得る
2. 地域の子供・若者との交流を増やす
3. 学校機関や就労支援機関とのネットワークを広げる
4. 地域の子供・若者の保護者との交流を増やす
5. 子供・若者支援活動に携わる人々と交流する
6. 家族に子供・若者の悩みを聞く
7. 他の子供・若者支援団体と意見交換をする
8. 臨床心理士や社会福祉士など専門資格を取る

　③「S.S.F.のアウトリーチ(訪問支援)が及ぼした影響」について、5件法(「かなりそう思う(1)」「ある程度そう思う(2)」「どちらとも言えない(3)」「あまりそう思わない(4)」「全くそう思わない(5)」)で尋ねた。質問は表6-3に示した13項目であった。

表6-3 「S.S.F.のアウトリーチ(訪問支援)が及ぼした影響」質問項目

支援対象者 (子供・若者) に対し	1. 他人への信頼が高まった 2. 家族との関係がよくなった 3. 友人・知人との関係がよくなった 4. 働く自信を持つようになった 5. 地域活動に参加できるようになった
保護者に対し	1. 他人への信頼が高まった 2. 家族の絆が強くなった 3. 仕事に集中できるようになった 4. 保護者同士のネットワークを広げた 5. 地域との繋がりが多くなった
援助に関わる 組織に対し	1. 組織間の信頼関係が強くなった 2. 組織間のネットワークが広がった 3. 地域との連携が幅広くなった

　第三はソーシャル・キャピタルに関する質問である。

　内閣府国民生活局市民活動促進課(2006)から、以下の項目を用いた。全般的に、数字が小さい場合に、ソーシャル・キャピタルが好ましい状態を示している。

　①他人への信頼について

　A. 一般的な人への信頼について、一般的に人は信頼できると思うか、それとも信頼できないと思うかを尋ねた。回答は、「ほとんどの人は信頼できる(1)」「ある程度信頼できる(2)」「どちらとも言えない(3)」「あまり信頼できない(4)」「全く信頼できない(5)」から、自分の考えに当てはまる数字を一つ選択する。

　B. 旅先や見知らぬ土地で出会う人への信頼について、Aと同じように、自分の考えに当てはまる数字を一つ選択するよう教示した。

　C. 日常生活の問題や心配事があれば、近所の方、親戚、友人・知人そして職場の同僚への頼り程度を尋ねた。回答は、「大いに頼りになる(1)」「ある程度頼りになる(2)」「どちらとも言えない(3)」

「あまり頼りにできない(4)」「全く頼りにできない(5)」から、自分の考えに当てはまる数字を一つ選択する。

②日常的な付き合いについて

A．近所の方との付き合いについて

近所の方との付き合いについて、その付き合いの程度と付き合っている人の数についてそれぞれ、以下の1～4までの得点幅(4件法)から、自分の考えに当てはまる数字を一つ選択するよう教示した。

a．付き合いの程度：「互いに相談をしたり日用品の貸し借りをするなど、生活面で協力しあっている人もいる(1)」「日常的に立ち話しをする程度の付き合いは、している(2)」「あいさつ程度の最小限の付き合いしかしていない(3)」「付き合いは全くしない(4)」。

b．付き合っている人の数：「近所のかなり多くの人と面識・交流がある(20人以上)(1)」「ある程度の人との面識・交流がある(5～19人)(2)」「近所のごく少数の人だけと面識・交流がある(4人以下)(3)」「隣の人が誰かも知らない(0人)(4)」。

B．社会的な交流について

3項目(「友人・知人」「親戚・親類」「職場の同僚」)それぞれについて、付き合いの頻度と付き合いの手段を一つずつ選択するよう教示した。いずれも選択肢は以下の通り共通であった。また、職場の同僚との付き合いについては、職場以外での付き合いに限定した。

a．付き合いの頻度：「日常的にある(週に数回～毎日)(1)」「ある程度頻繁にある(月に数回～週に1回)(2)」「時々ある(年に数回～月に1回)(3)」「めったにない(数年に1回～年に1回)(4)」「全くない/友人・知人はいない(0回)(5)」。

b．付き合いの手段：「直接会って(1)」「電話・メール・SNSで(2)」「年賀状や手紙などで(3)」「その他(4)」。

　また、S.S.F.以外の団体活動・地縁活動の参加状況について尋ねた。具体的に、「地縁的な活動（町内会、自治会、婦人会、子供会、青年団、老人会など）」「スポーツ・趣味・娯楽活動（各種スポーツ、芸術文化活動、生涯学習など）」「その他の団体・活動（商工会・業種組合・宗教、政治など）」の3項目について、「活動している」と「活動していない」のうち一つを選択するよう教示した。

（5）分析方法

　まず、本研究のために作成したNPOスタッフの活動の積極性と充実感に関連する質問項目に因子分析を行った。各尺度の内的生合成を検討した結果、「子供・若者支援活動から受けた影響」と「子供・若者支援活動への心がけ」の尺度から六つの因子を抽出することができた。

　次に、抽出された各因子とソーシャル・キャピタルに関する質問項目、各因子と調査対象の属性、ソーシャル・キャピタルに関する質問項目と調査対象の属性の相関分析を行った。ソーシャル・キャピタルに関する項目について、前述の通り、統一された定義は存在しないため、今回は、ソーシャル・キャピタル関する内閣府の一つの尺度を使用し、各質問項目において、相関分析を行った。また、調査対象の属性については、年代、身分と労働時間のデータを採用した。なお、欠損値のあった回答についても、分析ごとに採用できる回答を採用したため、有効回答者数は各分析で異なった。

6.3　アンケート調査結果

（1）調査対象の人口統計的データ

　調査対象は、男性24人、女性36人の計60人で、最も多かったのは30代で、18人で30%を占めている。そして、20代が16人で26.6%、40代が15人で25%、50代が7人で11.7%、60代と70代がそれ

それぞれ2人で各3.3%であった。また、組織内の役職については、常勤職員と回答した割合が最も多く、42人で70%であり、非常勤職員は10人で16.7%、役員とボランティアはそれぞれ4人で各6.7%であった（表6-4）。

表6-4　回答者属性及び回答結果

回答者属性		標本数/人	比率/%
性別	女	36	60.0
	男	24	40.0
年代	30代	18	30.0
	20代	16	26.6
	40代	15	25.0
	50代	7	11.7
	60代	2	3.3
	70代以上	2	3.3
役職	常勤職員	42	70.0
	非常勤職員	10	16.7
	役員	4	6.7
	ボランティア	4	6.7
労働時間	30〜39時間	25	41.7
	40時間以上	24	40.0
	9時間以下	5	8.3
	10〜19時間	4	6.7
	20〜29時間	2	3.3

　「S.S.F.に参加したきっかけ」という質問に対しては、複数回答に
なっているため、回答数の合計は95である（表6-5）。具体的に、
「人と交流する仕事をしたいから」と回答したのは28人であり、次
に「地域における子供・若者に関する課題を解決したいから」と答
えたのは27人、「友人・知人に誘われたから」の回答が12人、「子育
てが一段落して、あるいは定年で時間ができたから」と答えたのが
9人、「家族が参加していた、あるいは家族に関わる活動だから」の
回答が2人、「自分が若い時に支援を受けたことがあるから」と答え
たのは同じく2人、「人手が足りなくて仕方ないから」の回答が1人
であった。

表6-5　S.S.F.に参加したきっかけ

回答項目	応答数/人
人と交流する仕事をしたいから	28
地域における子供・若者に関する課題を解決したいから	27
友人・知人に誘われたから	12
子育てが一段落して、あるいは定年で時間ができたから	9
家族が参加していた、あるいは家族に関わる活動だから	2
自分が若い時に支援を受けたことがあるから	2
人手が足りなくて仕方ないから	1
その他	14

　表6-5が示しているように、「その他」を選んだ人数は14である。

具体的な回答が様々で、KJ法①による分類を行った（表6-6）。

表6-6　「きっかけ」項目で「その他」の回答

カテゴリー名	回答例
子供への関心（3）	子供に関する仕事をしたかったから
	子供に関する支援に携わりたかったから
	環境的に恵まれない子、困り感の多い子を少しでも支えられたらという思いで
S.S.F.団体との関わり（5）	子供が支援を受けていたので
	アウトリーチという手法を学びたかったから
	団体ができた時から、関わっていたから
	学習支援をしており、S.S.F.の所属となったため
	団体の活動を知り興味を持ったから
教育事業関係（4）	学校現場で働きたいと思ったから
	これまでの経験を生かし、子供の教育に関わりたいから
	教員と違った立場で児童に関わる仕事がしたかったから
	学校図書館で支援の必要な子供たちと関わる仕事をして関心を持ったから
個人の学習（1）	将来へ向けての経験・学習も兼ねて
余暇時間（1）	時間が余っており、何かしたいと思ったから

注：（　）内は回答の件数。

---

① KJ法とは、収集した情報をカード化し、同じ系統のものでグループ化することで情報の整理と分析の手法である。文化人類学者の川喜田二郎（東京工業大学名誉教授）によって考案した。本研究では、KJ法の四つのステップのうち、「カードの作成」と「グループの編成」に基づいて行った。

　最終的に全体で、五つのカテゴリーに分類された。回答の件数で見ると、「S.S.F.団体との関わり」に分類される回答が5件と最も多く、それに続いて「教育事業関係」の4件、そして「子供への関心」は3件があった。

（2）因子分析結果

　「子供・若者支援活動の参加から受けた影響」と「子供・若者支援活動への心がけ」についての質問はNPOスタッフの活動の積極性と充実感に深く関わる項目である。因子分析の結果から見ても、この二つの質問項目から分析に適した因子が抽出することができたため、本研究の目的を達するために「子供・若者支援活動の参加から受けた影響」と「子供・若者支援活動への心がけ」の因子分析結果を用いる。表6-7は、子供・若者支援活動の参加から受けた影響項目（A1〜A15）で、表6-8は支援活動への心がけ（B1〜B8）に関する項目の一覧である。「子供・若者支援活動の参加から受けた影響」については、地域交流や人への信頼、地域愛着に関する項目から構成されている。「子供・若者支援活動への心がけ」については、他機関との交流や支援対象との交流に関する項目から構成されている。

表6-7　「子供・若者支援活動の参加から受けた影響」に関する項目

A1	価値観を共有できる仲間ができた
A2	身の回りの子供・若者への関心が深まった
A3	利害関係のない知人と交流できるようになった
A4	地域社会に対する貢献ができた
A5	達成感や充実感を味わえた
A6	子供・若者の悩みが前よりわかるようになった

続　表

A7	楽しさが湧いてきた
A8	地域の人との交流が増えた
A9	自分と違う分野で働いている人たちとの交流ができた
A10	知らない人との関係作りがしやすくなった
A11	地域への愛着心が深まった
A12	前より人を信用できるようになった
A13	地域における若者対象の就労情報が詳しくなった
A14	支援を受けている子供の親たちとの交流が増えた
A15	市役所、学校などの組織との交流ができた

表6-8　「子供・若者支援活動への心がけ」に関する項目

B1	学校機関や就労支援機関とのネットワークを広げる
B2	他の子供・若者支援団体と意見交換をする
B3	子供・若者の心理健康に関する知識を得る
B4	子供・若者支援活動に携わる人々と交流する
B5	家族に子供・若者の悩みを聞く
B6	臨床心理士や社会福祉士などの専門資格を取る
B7	地域の子供・若者との交流を増やす
B8	地域の子供・若者の保護者との交流を増やす

　表6-7、表6-8に示した調査項目に対し、5段階評価を行ってもらった結果を用いて因子分析（主因子法、バリマックス回転）を行った。因子分析の結果は次の通りである。まず、「子供・若者支援活動の参加から受けた影響」に関する質問15項目に対して因子

分析の結果（表6-9）からは四つの因子が抽出された。第1因子7項目（A1～A7）は、子供・若者支援活動を行うことで、地域社会に対する貢献や達成感・充実感を味わえ、身の回りの子供・若者への関心が深まるに関する項目であり、「地域貢献」因子とした。第2因子5項目（A8～A12）は、「地域愛着・信頼」因子とし、子供・若者支援活動をすることで他人への信頼感が高まり、そして地域への愛着心が深まるに関わる項目をまとめた。第3因子1項目（A13）は地域における若者対象の就労情報が詳しくなったので、「地域情報」因子とした。第4因子2項目（A14、A15）は支援対象や他組織との交流に関する項目であり、「組織外交流」因子とした。

表6-9 「子供・若者支援活動の参加から受けた影響」に
関する因子分析結果

記号	第1因子	第2因子	第3因子	第4因子
A1	0.698	−0.017	0.125	0.121
A2	0.679	0.161	0.247	0.148
A3	0.637	0.242	−0.051	0.315
A4	0.562	0.328	0.475	−0.049
A5	0.557	0.387	0.365	0.205
A6	0.525	0.195	0.359	0.472
A7	0.41	0.398	0.117	0.134
A8	0.106	0.693	0.269	0.101
A9	0.016	0.627	0.28	0.21
A10	0.438	0.614	0.075	0.427
A11	0.507	0.588	0.141	−0.336
A12	0.491	0.507	−0.115	0.159
A13	0.148	0.204	0.775	0.185

続　表

記号	第1因子	第2因子	第3因子	第4因子
A14	0.188	0.105	0.125	0.672
A15	0.155	0.321	0.379	0.416
累積寄与率	21.368	38.346	48.549	58.241
因子名称	地域貢献	地域愛着・信頼	地域情報	組織外交流

　そして、「子供・若者支援活動への心がけ」に関する質問8項目に対して因子分析の結果（表6-10）からは二つの因子が抽出された。第1因子6項目（B1～B6）は、他機関や団体との交流を増やす項目であり、「外部組織連携」因子とした。第2因子2項目（B7、B8）は地域の子供・若者やその保護者との交流を増やす項目であり、「支援対象交流」因子とした。

表6-10　「子供・若者支援活動への心がけ」に関する因子分析結果

記号	第1因子	第2因子
B1	0.761	0.203
B2	0.758	0.178
B3	0.548	0.247
B4	0.540	0.503
B5	0.506	0.272
B6	0.363	−0.022
B7	0.094	0.906
B8	0.211	0.822
累積寄与率	27.332	51.804
因子名称	外部組織連携	支援対象交流

（3）相関分析結果

　以上のように、NPOスタッフの活動の積極性と充実感を表す六つの因子をまとめた。一体その積極性と充実感とソーシャル・キャピタルの間にどのような関連性を持っているかを考察するために、各因子とソーシャル・キャピタルに関する項目、調査対象の属性とそれぞれの相関分析（スピアマン相関）を行った。

　①ソーシャル・キャピタルに関する項目及び各因子項目の相関関係

　ソーシャル・キャピタルに関する各質問項目と各因子の関連性を見るために、相関分析を行った。表6-11は分析結果である。

　ソーシャル・キャピタルの「信頼」要素において、「一般信頼」と「地域貢献」、「近所頼り」と「支援対象交流」、「友人頼り」と「地域愛着・信頼」「地域情報」「外部組織連携」、「同僚頼り」と「地域貢献」「地域愛着・信頼」「地域情報」「外部組織連携」については、いずれも正の相関が見られた。社会全般に対する信頼が高い人は、NPO活動の実行によって地域に対する貢献を強く感じている。そして、近所への信頼が高い人は、支援対象との交流も盛んである。また、友人に対する信頼が高い人は、NPO活動によって地域に対する愛着が深まり、他組織との交流も増える。さらに、同僚に対する信頼が高い人は、全般的にNPO活動から得た益が多く、外との連携も積極的にしている。つまり、他人への信頼感が強い人は、NPO活動をすることで得られる充実感が高いことがわかった。

表6-11　ソーシャル・キャピタルに関する項目及び各因子項目の相関関係

因子	SC 信頼						ネットワーク					互酬性の規範		
	一般信頼	旅先信頼	近所頼り	親戚頼り	友人頼り	同僚頼り	近隣付き合い程度	近隣付き合い人数	友人交流	親戚交流	同僚交流	地縁活動	趣味活動	その他活動
地域貢献	0.325*	-0.049	0.082	-0.052	0.182	0.332*	0.157	0.063	0.105	-0.204	0.000	0.066	0.251	-0.158
地域愛着・信頼	-0.126	-0.060	0.195	0.186	0.264*	0.288*	0.167	-0.062	0.164	0.094	0.069	0.120	0.231	0.204
地域情報	-0.030	-0.149	0.099	0.167	0.395**	0.346**	0.027	-0.046	0.046	-0.130	0.240	0.056	-0.020	0.246
組織外交流	0.141	-0.011	0.254	0.263*	0.196	0.194	0.158	0.205	0.047	0.026	0.289*	0.115	-0.045	-0.009
外部組織連携	0.099	-0.132	0.085	0.109	0.333*	0.368**	-0.023	-0.127	-0.225	-0.037	0.295*	-0.023	-0.125	0.110
支援対象交流	0.171	0.056	0.299*	0.119	0.237	0.153	0.230	0.112	0.084	-0.076	-0.077	0.322*	0.107	0.158

注：＊相関係数は5％水準で有意（両側）、＊＊相関係数は1％水準で有意（両側）。以下同様。

　ソーシャル・キャピタルの「ネットワーク」要素では、「同僚交流」と「組織外交流」「外部組織連携」はいずれも正の相関が認められた。同僚との交流が多い人は、NPO活動において外部組織との連携も積極的であると考えられる。

　ソーシャル・キャピタルの「互酬性の規範」要素では、「地縁活動」と「支援対象交流」は正の相関が見られた。地縁活動への参加が多い人は、支援対象との交流がさらに頻繁的であることが明らかになった。

　②ソーシャル・キャピタルに関する項目及び調査対象の属性における相関関係

　ソーシャル・キャピタルに関する各質問項目と調査対象の属性の関連性を見るために、相関分析を行った。調査対象の属性について、年齢、役職と労働時間のデータを採用した。表6-12は分析結果である。

　ソーシャル・キャピタルの「信頼」要素において、「近所頼り」と「年齢」については正の相関が見られた。すなわち、年が上の人ほど近所への信頼が高いと考えられる。

　ソーシャル・キャピタルの「ネットワーク」要素では、「近隣付き合い人数」と「年齢」は正の相関、「友人交流」と「役職」「労働時間」はいずれも負の相関が見られた。そして、「同僚交流」と「役職」「労働時間」はいずれも正の相関が見られた。すなわち、年が上の人ほど近所の方との付き合いが多いこと、NPOにおいて役職が高い人と労働時間が長い人ほど友人との交流が盛んではないこと、そして労働時間が多い人と役職が高い人ほど同僚との交流がさらに積極的であるという結果であった。NPOで高い身分で働いている人は仕事場の交流が生活の大半を占めているため、友人との交流が少ないと理解できる。

表6-12　ソーシャル・キャピタルに関する項目と調査対象の属性との相関関係

| 属性 | SC | | | | | | | | | | | | | | |
| | 信頼 | | | | | | ネットワーク | | | | | | 互酬性の規範 | | |
	一般信頼	旅先信頼	近所頼り	親戚頼り	友人頼り	同僚頼り	近隣付き合い程度	近隣付き合い人数	友人交流	親戚交流	同僚交流	地縁活動	趣味活動	その他活動
年齢	0.181	0.074	0.274*	0.111	0.086	-0.090	0.256	0.432**	-0.041	0.039	0.017	0.239	0.000	0.020
役職	-0.002	-0.153	0.135	0.014	0.242	0.127	0.038	0.189	-0.374**	-0.076	0.279*	0.048	-0.246	0.224
労働時間	-0.104	-0.196	0.074	0.026	-0.004	0.038	0.101	0.021	-0.281*	-0.006	0.269*	-0.115	-0.139	0.192

③各因子項目及び調査対象の属性との相関関係

　各因子と調査対象の属性の関連性を見るために、相関分析を行った。表6-13は分析結果である。

　「地域愛着・信頼」と「年齢」は負の相関が見られた。年が上の人ほど、NPOの活動によって地域への愛着心や信頼感が深まると感じた程度が低いがわかった。そして、「地域情報」と「役職」「労働時間」はいずれも正の相関、「組織外交流」と「役職」は正の相関、「外部組織連携」と「役職」「労働時間」はいずれも正の相関であった。ここは、NPO活動に大量な時間を尽くし、深く関わっている人ほど、NPO活動をすることで地域における若者に関する就労情報が詳しいし、NPO活動をするために外部組織との連携も積極的に行っていることがわかった。

表6-13　各因子項目及び調査対象の属性との相関関係

属性	因子					
	地域貢献	地域愛着・信頼	地域情報	組織外交流	外部組織連携	支援対象交流
年齢	0.166	−0.373**	−0.059	0.147	−0.151	0.062
役職	−0.073	−0.034	0.290*	0.332*	0.418**	0.014
労働時間	−0.070	0.153	0.333*	0.152	0.355**	−0.069

（4）まとめ

　以上から、NPO組織で活動をする人々の積極性と充実感はソーシャル・キャピタルと相関関係があることが証明できた。すなわち、NPO活動に対して積極性が高い人や活動をする際に高い充実感を感じる人ほど、ソーシャル・キャピタルが高いと言える。逆に、ソーシャル・キャピタルが高い人ほど、NPO活動に対する積極性も高いし、活動を行うことによって生じた充実感も高い。それ

は、ソーシャル・キャピタルがNPOの円滑な運営にも及ぼしている影響は少なくないことが考えられる。

6.4　おわりに

　本章では、NPO法人 S.S.F.に従事しているスタッフを対象に、NPO活動を行う際の積極性と充実感について、二つの尺度を用いて質問を行い、その結果をもとに因子の作成を行った。また、それらの因子と、ソーシャル・キャピタルに関する各質問項目と調査対象の属性に関して、それぞれ相関分析を行い、検討した。

　ソーシャル・キャピタルに関する項目及び各因子項目の関連性について、他人への信頼感が強い人がNPOの活動で得られる充実感が高く、そして地縁活動への参加が多い人の方が、支援対象との交流も多いことがわかったので、スタッフ（NPO活動の主体）のソーシャル・キャピタルの育成はNPO活動の効率や効果の上昇にも繋がることが考えられる。また、同僚との交流が多い人は、NPO活動において外部組織との連携も積極的であることは、組織内のネットワーク（結束型SC）の構築は組織間のネットワーク（橋渡型SC）の構築にも影響していると言える。

　そして、ソーシャル・キャピタルに関する項目及び調査対象の属性との関連性については、NPOにおいて役職が高い人（労働時間が長い人）ほど友人に対する信頼が強く、また同僚との交流もさらに積極的であると見られる。すなわち、NPO活動に対して大量な時間と精力を尽くした人のほうが、ソーシャル・キャピタルも高まると解釈できる。要するに、NPO活動を計画、実施している間にソーシャル・キャピタルの醸成に繋がっていると考えられる。

　また、各因子項目及び調査対象の属性との関連については、年齢が高い人ほど、NPO活動によって地域への愛着心や信頼感が深まると感じた程度が低い。それは、NPO活動をする前から、人生や社

会経験を積んでおり、すでに若者より地域への愛着が強いと筆者が理解した。

　冒頭で述べたように、地域コミュニティが衰退している現在の日本では、ソーシャル・キャピタルが豊かな社会を構築するにはNPO組織の役割が大きくなりつつある。「新しい公共」という言葉を頻繁に耳にするようになった今日、政府や市場が対応できない「公共」の問題に対し、NPOの働きを一層重視しなければならない。そのNPO活動をより活性化するためには、どのような要因に影響されているのかについて、NPOに従事しているスタッフの行動に関心を持ち、本研究の趣旨でもあった。総じて、NPO活動をさらに効率的に行うことによってソーシャル・キャピタルの醸成に促進し、スタッフ同士や近隣間の絆を深め、良い信頼関係を築くことがNPO活動の効果を高める。

7　愛郷活動とソーシャル・キャピタル
—日中比較を兼ねて—

　本書の第3章では、集合財と個人財としてのソーシャル・キャピタルを統合した社会財としてのソーシャル・キャピタルを提案した。すなわち、人的ネットワークが生じた地域内外の社会・経済的な繋がりが生まれる。そのモデルにおいて、私は愛郷心や帰属意識をソーシャル・キャピタルの要素として捉える。ただし、愛郷心や帰属意識についての測定にはまだ困難があるため、ここでは愛郷心や帰属意識から生まれた愛郷運動・活動を取り上げる。それは、愛郷活動はまちづくりに貢献し、地域社会活性化にも繋がると考えられるからである。「地域への愛着」や「愛郷活動」というと、まず日本の「ふるさと納税」が思い浮かべるし、また日本以外にも、中国から海外へ移住した華僑の送金・投資活動が取り上げられる。したがって、本章では、愛郷活動の事例として、日本の「ふるさと納税」制度と華僑の愛郷活動を比較してみよう。

7.1　「ふるさと納税」とソーシャル・キャピタル

(1)「ふるさと納税」の仕組みと理念[①]

　日本では、2008年度より「ふるさと納税」という制度が新設された。「ふるさと納税」には、「納税」という言葉がついているものの、実際は「寄付」の一形態である。一般的に自治体に寄付をした場合、確定申告をすることで寄付金額の一部が所得税・住民税から控除されるが、「ふるさと納税」の場合は、都道府県・市区町村に対して寄付をすると、寄付金額のうち2000円を超える部分について、一定の上限まで、原則として所得税・個人住民税から全額が控除される。

　「ふるさと納税」論議が始まったのは、2007年5月の総務大臣の

---

① 日本、総務省、「ふるさと納税研究会報告書」(2007年10月31日)〔https://www.soumu.go.jp/main_sosiki/kenkyu/furusato_tax〕(最終検索日:2022年1月14日)。

問題提起である。地方の故郷で生まれ、地元から医療や教育など様々な市民サービスを受けながら、成長したら進学や就職を機に都会に生活の場を移し、そこで納税をする人が多い。その結果、都会に当たるの自治体には税収が増える一方で、地方の自治体には税収が少ない現状にある。そこで、都会に暮らしている国民が自分を育ってくれた「ふるさと」に「恩返し」という意味での納税制度が問題提起された。

　総務省によると、「ふるさと納税」について三つの意義が挙げられる。第一に、納税者が寄附先を選択する制度であり、選択するからこそ、その使われ方を考えるきっかけとなる制度であるため、税に対する意識が高まり、納税の大切さを自分ごととして捉える貴重な機会になる。第二に、生まれ故郷はもちろん、お世話になった地域に、これから応援したい地域へも力になれる制度であることにより、人を育て、自然を守る、地方の環境を育む支援になる。第三に、自治体が国民に取組をアピールすることで「ふるさと納税」を呼びかけ、自治体間の競争が進むこと。それは、選んでもらうに相応しい、地域のあり方をあらためて考えるきっかけへと繋がる。

　さらに、「ふるさと納税」制度は地方創生にも繋がると総務省が主張する。すなわち、「ふるさと納税」の実現により、納税者と自治体の間に新たな関係が生まれることが期待される。地方自治体は、全国各地の納税者が自分たちを応援してくれていることを認識し、「ふるさと納税」により得られた収入を納税者の「志」に応える施策に活用することで、地域の活性化と内発的発展が促されることが期待される。それに対し、納税者は、地方行政への関心、参加意識が高まり、地方自治体とともに成長していくことが期待される。このように、納税者と地方自治体は「相互に高め合う」新しい関係が築かれる。

　制度発足当時の2008年の寄付金額が81.4億円で、寄付件数が5.4

万件にとどまっていたが、2011年の東日本大震災が起こり、被災地
の義援金としての「ふるさと納税」が急増した。さらに2012年以降
は、寄付者に対して寄付金額に応じて主にその地域の特産品を返
礼品として送付する自治体が現れ、返礼品の内容をアピールして
寄付を募る自治体が増えたため、寄付金額は増加傾向にある。ま
た、2015年より「ふるさと納税」ワンストップ特例制度[①]が創設され
たため、納税の手続きが一層簡潔になり、寄付金額は増加しつつあ
る。最新のデータによると、2020年の寄付金額は約6725億円で、
寄付件数は3489万件となっている[②]。

(2)SCの視点から見る「ふるさと納税」

　本書で議論してきたように、人々の「信頼」「互酬性の規範」など
により個人財としてのソーシャル・キャピタルが強化され、そし
て市民参加・NPO活動などにより集合財としてのソーシャル・
キャピタルが形成され、最終的に社会財としてのソーシャル・
キャピタルが構築され、地域社会の活性化にも繋がる。本章で取
り上げる「ふるさと納税」のような地域財は、まさに社会財の一例
である。ここでは、「ふるさと納税」とソーシャル・キャピタルの
関係性について説明する。

　前述したように、「ふるさと納税」は寄付行動である。2008年8
月に日本総合研究所より実施された「社会生活に関するアンケー

---

① 確定申告の不要な給与所得者などが行う5団体以内の「ふるさと納税」であれ
　ば、各自治体に特例の適用に関する申請書を提出することを条件に、確定申告
　をしなくとも住民税の寄付金額控除を受けられる。

② 日本、総務省、「ふるさと納税に関する現況調査結果」(2021年7月30日)
　〔https://www.soumu.go.jp/main_sosiki/jichi_zeisei/czaisei/czaisei_seido/furusato/file/
　report20210730.pdf〕(最終検索日：2022年1月7日)。

ト調査」の分析結果から、寄付行動とソーシャル・キャピタルとの関係性を明らかにした[①]。具体的に、ソーシャル・キャピタルの醸成度合いを把握するために、調査項目に「一般的な人への信頼」「付き合いの頻度・人数」「地域活動への参加」などの設問がある。それを寄付活動関連の項目をクロス集計してみた結果、①一般的な人への信頼度が高い人のほうが寄付している人の割合が高い、②付き合いの頻度が高い人、付き合いの人数が多い人のほうが寄付している人の割合が高い、③地域活動に参加している人のほうが寄付している人の割合が高いことが判明した。つまり、ソーシャル・キャピタルと寄付行動が密接に関係していることは明らかである。

　ほかにも、この調査では明らかにしたのは、行政・地域への信頼と寄付の関係である。すなわち、公共・公益活動に信頼性が高いほど、寄付行動が促進されるものと推察される。以上の結果をまとめると、人が寄付行動を起こす場合には、ソーシャル・キャピタルが構成される要素の中でも、「信頼」（一般社会に対する信頼度）が大きく関係していると結論付けられた。特に「ふるさと納税」制度が導入されてから、この制度より寄付された金額が地方公共団体において貴重な財源となるため、地方公共団体は地域でのソーシャル・キャピタル醸成を図るとともに、市民との信頼関係構築に力を入れる呼びかけが高まった。

　一般的な寄付と区別した「ふるさと納税」とソーシャル・キャピタルとの関係性を証明したのは、ほかにもいくつかの研究がある。ここでは高橋・要藤・小嶋（2018）を取り上げる。高橋・要藤・小

---

① 日本、日本総合研究所、「ソーシャル・キャピタルの醸成による寄付社会の創造」（2008 年 11 月 17 日）［https://www.jri.co.jp/page.jsp?id=7134#4］（最終検索日：2021 年 12 月 25 日）。

嶋（2018）に使われたのは、2017年3月1日から3月10日まで、全国11371名回答者を対象に実施したインターネットでのアンケート調査のクロスセクション・データである。

　高橋・要藤・小嶋（2018）は、「ふるさと納税」を慈善団体などへの「一般的な寄付」と比較しながら、「自分に関わりのある地域」と「自分に関わりのない地域」に分けることで、「ふるさと納税」を行う人のモチベーションを考察した。結論として、まず、出身地などに関わらず、互酬性の意識は「ふるさと納税」において正の影響を与えている。そして、「現在居住している地域への愛着」は、自分に縁のない地域への「ふるさと納税」に負の影響を与えている。また、自分に関わりのない地域への「ふるさと納税」では、「世帯年収」の多寡による影響が明確となる。これらは、所得税・住民税の控除の恩恵がないものにとっては、「ふるさと納税」のインセンティブが乏しくなる一方、その恩恵が大きく受けられる高所得者ほどインセンティブが働きやすくなることを示しており、制度の仕組みとして経済的インセンティブが影響していることが示唆される。したがって、高橋・要藤・小嶋（2018）は「ふるさと納税」は寄付としての側面を持つものの、一般的な寄付と異なり、経済的インセンティブにも影響される制度となっていると結論付けた。

　言い換えれば、互酬性の意識は「ふるさと納税」の利用に有意な影響を与えていることが明らかとなった。しかし、高橋・要藤・小嶋（2018）の研究結果に気になるところは一つがある。それは、推定結果から「自分に関わりのある地域」への「ふるさと納税」については、「信頼」や「地域への愛着」について有意な結果となっていないことがわかった。このことは、自分に縁のある地域、いわゆる「故郷」（出身地や15歳頃まで居住していた地域のことを指す）や現在居住地への信頼や愛着は「ふるさと納税」に影響を与えていないことを言えよう。つまり、「ふるさと納税」制度には「ふるさと」と

付けているが、その納税対象地域は必ずしも上述の「故郷」とは限らない。

　すなわち、「地域への愛着」をソーシャル・キャピタルの現れと捉えることもあるが、「ふるさと納税」の場合は、愛着よりは互酬性の意識が働くであろう。それは、第7.2節で言及する華僑華人の愛郷心（故郷への愛着）による寄付活動とは対比的である。

7.2　華僑華人のソーシャル・キャピタル

　本書では「地域への愛着」や帰属意識をソーシャル・キャピタルの要素として捉えるが、典型的なのは、華僑華人という集団の例が挙げられる。それは、故郷への愛着や同じ出身地または同じルーツを持つことから生まれる帰属意識は華僑華人の経済活動に影響が大きいからである。本節では、中国福建省出身の華僑華人を事例として議論する。

　本書で取り上げる「華僑華人」とは、「海外に借り住まいする中国人」という意味である。厳密に言うと、中国生まれで中国籍を持つ1世を「華僑」といい、これに対し、現地で生まれて現地国籍を持つ2世以降の中国系の人々を「華人」と称するが、ここでは中国以外に在住の中国にルーツを持つ人を一般的に広く「華僑華人」と呼ぶことにする。

（1）愛郷心による経済活動

　中国福建省の経済は同省出身の華僑華人によって支えられてきたと言っても過言ではない。元々福建省は中国においても貧しい地域の一つであった。そのため、福建人の多くは昔から海外を目指し手稼ぎに行った。しかし、2015年1人当たりGDPは67966元となり、（中国）地域別順位において福建省は第6位にランクしてい

る①。この背景には華僑華人の役割がある。

　中国福建省にルーツを持つ華僑華人は、ヨーロッパ、東南アジア、アメリカを中心に1200万人に達すると推定される。昔から華僑には「落葉帰根」(落ち葉は根に帰る、華僑などが故郷に戻ることを指す)の思想が存在し、決して海外で長くいるつもりがなく、外国で貯めたお金を自分の故郷(僑郷②)まで送金し、家を買うか建てるのが普通であった。また、華僑は僑郷で学校、病院などの公益事業にも力を入れ、僑郷の文化教育事業の発展にも寄与した。

　インドネシアの大手財閥リッポー・グループ③の創業者モフタル・リアディ(Mochtar Riady)はその一人である。モフタル・リアディは、『日本経済新聞』に連載している「私の履歴書」に、37年ぶりになる1986年に福建省を訪問していた時の記憶を次のように書き残している。

　　幼少期を過ごした父の実家のまわりを歩くと、昔よりも貧しくなっていた。十分な電気も水道もなかった。祖母が幼少の私に語った言葉がよみがえってきた、「村人は豊かになれる能力を持っていない。おまえは何かを身につけて帰っておいで。そして村のためになることをするのだよ。孫よ、おまえは帰ってくるために家を出るのだよ」と。

---

① 2015年順位は次の通りである。天津市(107960元)、北京市(106497元)、上海市(103796元)、江蘇省(87995元)、浙江省(77644元)、福建省(67966元)、広東省(67503元)。中華人民共和国国家統計局『中国統計年鑑2016』(中国統計出版社、2016年)より。

② 僑郷とは、華僑の中国での出身地のことを指し、「華僑の故郷」の略語である。

③ リッポー・グループは土地開発事業を基盤に金融、流通、通信、医療、メディアなどに事業を展開するインドネシアの大手財閥である。

　モフタル・リアディは、その時に福建省に発電所を建設する計画を立て、総額7億5500万ドルの発電所プロジェクトをまとめあげた。[1]

　最初に華僑華人が中国福建省に対する愛郷活動は、送金や寄付などがメインであったが、1978年からは、中国の改革開放政策により、華僑華人による投資が大きく増加している。全体的に見ると、華僑華人による中国への投資は上海市、福建省、広東省の三つの地域に集中している。この三つの地域は地方政策による融資環境などに恵まれている原因も考えられるが、特に福建省と広東省の場合は、地元出身の華僑華人が多かったため、愛郷心や故郷への愛着が働いたのも大きな要因といえる。

（2）帰属意識による経済活動

　中国本土への送金・寄付・投資などの経済活動には故郷への愛着が働いたとするなら、海外に居住する華僑華人の帰属意識から生まれたソーシャル・キャピタルはどのように経済活動に影響を与えるのか。ここでは、饒志明（2016）で取り上げたアンケート調査結果を引用し、特に東南アジア諸国に居住している中国福建省出身の華僑華人の経済活動に果たす役割を分析する。

　中国福建省は外国から華僑資本を導入するだけでなく、近年中国福建省からアセアン諸国への投資も増えてきた。すなわち、華僑資源の豊富な中国福建省は、華僑資本を吸収し、現地で発展したのち、アセアン諸国に逆投資するパターンが生まれている。2014

---

[1] 「私の履歴書 モフタル・リアディ（20）約束」『日本経済新聞』（2018年5月21日）〔https://www.nikkei.com/article/DGXKZO30684730Y8A510C1BC8000/〕（最終検索日：2022年1月14日）。

年8月に、饒志明は中国福建省にある企業を対象とした海外投資に関するアンケート調査を実施し、海外投資経験企業15社、海外投資意向企業15社を含む38社の有効なアンケートを回収した。調査項目は、投資の動機と形態、海外「閩商」(中国福建省にルーツを持つ企業経営者)ネットワーク資源の役割認識、活用現状と意欲、海外投資の主要障害などがあった。図7-1、図7-2、図7-3及び図7-4はアンケート調査結果の一部である。

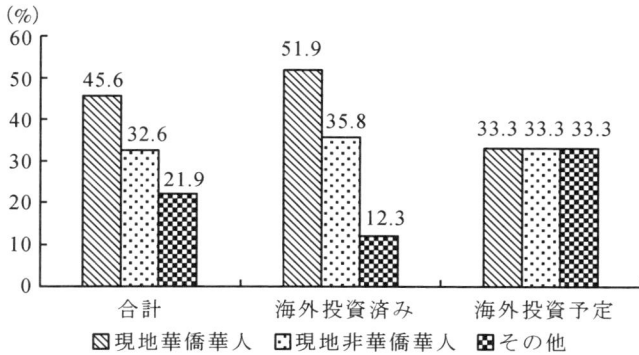

(%)

45.6 32.6 21.9 51.9 35.8 12.3 33.3 33.3 33.3

合計　海外投資済み　海外投資予定
現地華僑華人　現地非華僑華人　その他

図7-1　現地(海外)管理職の選択希望
注:饒志明(2016:134-136)より引用。

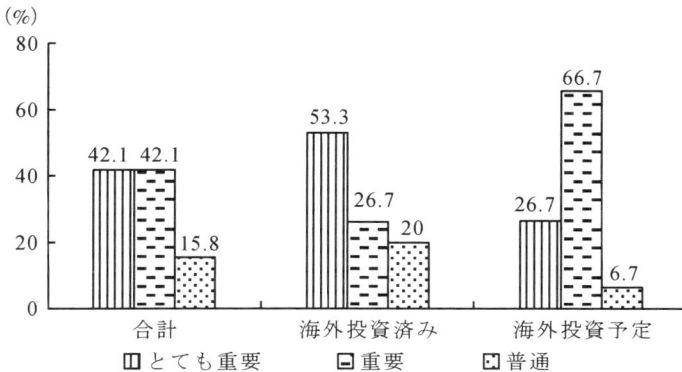

(%)

42.1 42.1 15.8 53.3 26.7 20 26.7 66.7 6.7

合計　海外投資済み　海外投資予定
とても重要　重要　普通

図7-2　海外「閩商」ネットワークの重要性に対する認識
注:饒志明(2016:134-136)より引用。

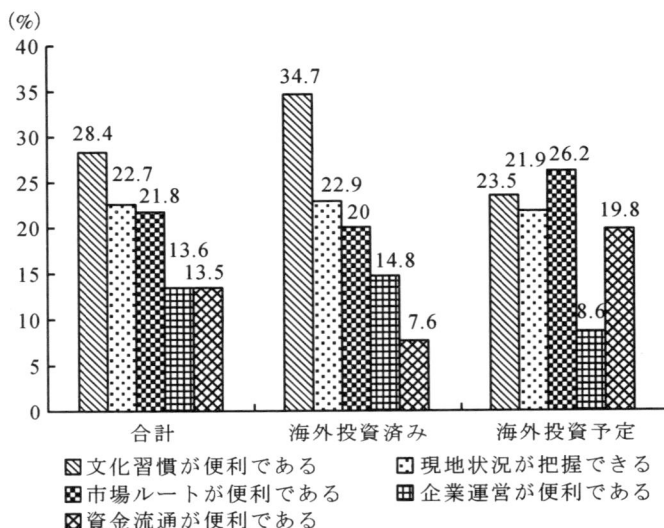

図 7-3　海外「閩商」と連携のメリット

注：饶志明（2016：134-136）より引用。

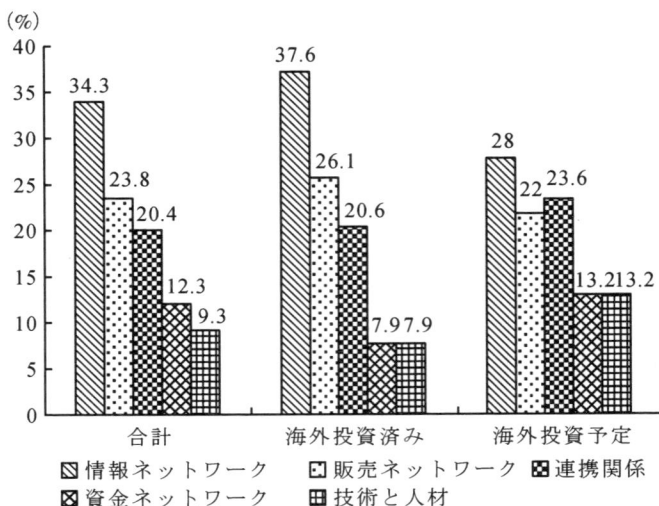

図 7-4　海外「閩商」ネットワーク利用可能の資源

注：饶志明（2016：134-136）より引用。

　図7-1が示しているように、海外投資を行うときに、現地（海外）管理職の選択希望を尋ねた設問には、半数以上の会社が中国系の人を希望していると答えた。図7-2が示しているように、海外「閩商」ネットワークの重要性に対する認識を尋ねる質問には、「とても重要」及び「重要」と認識している人が8割以上を占めた。図7-3が示しているように、海外「閩商」と連携のメリットについては「文化習慣が便利である」「現地状況が把握できる」「市場ルートが便利である」などの答えがあった。図7-4が示しているように、海外「閩商」ネットワーク利用可能の資源について、情報ネットワークや販売のネットワークなどを提供してくれると答えた会社が半数以上である。以上のデータは、同じく中国福建省にルーツを持つ華僑華人は帰属意識が高く、企業の運営にもその緊密なネットワークを活用する意識が強いと裏付ける。

　さらに、東南アジア主要4ヵ国（シンガポール、マレーシア、フィリピン、インドネシア）それぞれの富豪トップ50（4ヵ国合計トップ200）のうち、知名度高い華僑華人は144人が入る。その中、福建系（閩籍）の華僑華人が70人であった。図7-5はその割合を示したものである。すなわち、アセアン4ヵ国において、華僑華人の資産家の半分近くが福建系の人であり、資産額ベースでは福建系の人が華僑華人が持つ全資産の7割以上を占めている[①]。このような福建系富豪の強力なラインナップは、彼らが長い間蓄積してきた強い帰属意識と緊密なソーシャルネットワークと切り離すことができない。

① 饒志明《海外閩商網絡与福建経済走出去戦略研究》（賈益民主編《華僑華人藍皮書：華僑華人研究報告（2016）》社会科学文献出版社，2016年，第106—147页）。

(%)

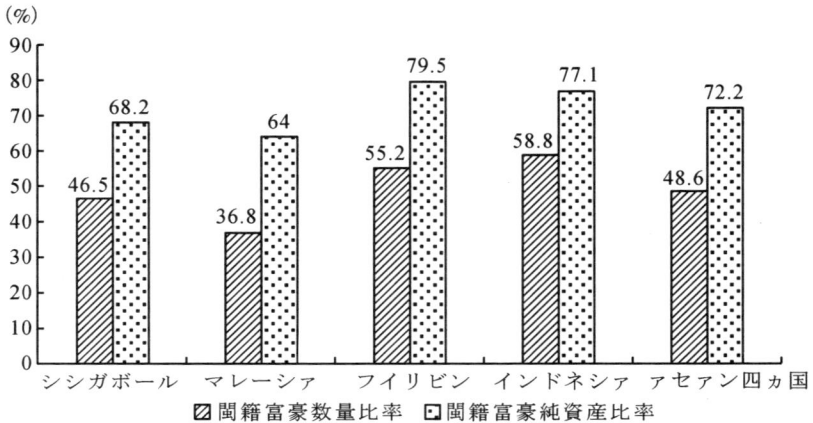

図7-5　アセアン4ヵ国における福建系(閩籍)富豪の地位(2014)

注：饒志明(2016：121)より引用。

　本節で議論してきたように、中国福建省出身の華僑が地元への
送金・寄付・投資などの経済活動は故郷への愛着によるものが大
きい。そして、中国福建省にある企業が海外投資を考えるときに
も、同じルーツを持っている関係者のネットワークを活用する意
識が高いことが明らかにした。その愛郷心や帰属意識による信頼
やネットワーク構築がまさに華僑華人のソーシャル・キャピタル
の現れである。華僑華人のソーシャル・キャピタルは、図7-6が
示しているように、同じ姓の集まりである宗親総会から始まる。
宗親総会のメンバーであることのみで親しみを感じ、そこから最
初のネットワークが形成される。中国福建省と華僑華人の関係は
このような人間関係が支えていると言える。

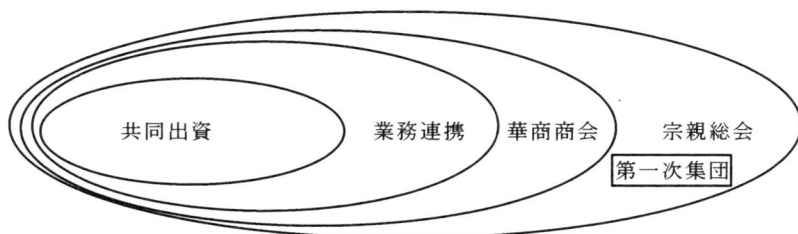

図7-6　海外華僑華人商人ネットワーク構造

注：饒志明（2016：125）より引用。

　地域社会におけるソーシャル・キャピタル形成のために新しい
コミュニティ活動が必要である①。すなわち、華僑世界における
「第1次集団」の宗親総会のような、地域社会において第1次集団を
創成する必要がある。地域のボランティアやNPO活動、多様な
インフォーマル的な活動を活性化し、コミュニティオーガニゼー
ションを形成する。このために自治体のさらなる役割が求めら
れる。

---

① 田中豊治『環境と人間の共創』（学文社、2011年）107ページには、「様々な集団活
　動を通じて『心のふるさと』としての地域への愛着心・連帯感・帰属感を醸成
　する」と指摘している。

8 終 章

8.1 結 論

　本書では、ソーシャル・キャピタル概念の再定義と地域社会と
経済におけるソーシャル・キャピタル形成の影響を議論した。ま
ず、ソーシャル・キャピタルをめぐる諸研究に基づいて再定義し、
個人財と集合財を統合したモデルを提案した。そして、地域社会
と経済におけるソーシャル・キャピタル形成の影響を明らかにす
るために、三つの仮説を立てた。

　仮説1は、「暮らしやすい地域は人的ネットワークが強い（人と人
のふれあいが頻繁）」である。この仮説に対しては、第5章におい
て、質的分析としてインタビュー調査を行った。日本の地方自治
体の中でも佐賀県のソーシャル・キャピタル形成は優れている。
例えば、野村総合研究所（2017）によれば、佐賀市は「都市の暮らし
やすさ」1位として選ばれた。佐賀市が1位となったのはまさに
ソーシャル・キャピタル形成されていたためである。それを検証
するために関係者に対するインタビュー調査を行った結果、佐賀
県によるソーシャル・キャピタル形成のための高度な取り組みが
明らかになった。

　仮説2は、「市民活動家（NPOスタッフ）の活動は地域のソーシャ
ル・キャピタル形成に効果的である」である。第6章においてこ
の仮説を検証した。NPO法人S.S.Fに従事しているスタッフを対
象に、NPO活動を行う際の積極性と充実感について、二つの尺度を
用いて質問を行い、その結果をもとに因子分析を行った。また、そ
れらの因子と、ソーシャル・キャピタルに関する各質問項目と調
査対象の属性に関して、それぞれ相関分析を行った。その結果、
ソーシャル・キャピタルに関する項目及び調査対象の属性との関
連性については、NPO組織において役職が高い人（労働時間が長い
人）ほど友人に対する信頼が強く、また同僚との交流もさらに積極

的であると見られる。つまり、NPO活動に対して大量な時間と精力を尽くした人の方が、ソーシャル・キャピタルも高まると解釈できる。要するに、NPO活動を計画、実施している間にソーシャル・キャピタルの醸成に繋がり、ソーシャル・キャピタルがNPOの円滑な運営にも影響を及ぼしていると考えられる。

　仮説3は、「ソーシャル・キャピタルに基づいた愛郷活動は地域経済を活性化させる」である。この仮説については、第7章で議論した。第7章では、日本の「ふるさと納税」制度と中国福建省出身の華僑華人の愛郷活動を事例として挙げた。「ふるさと納税」は寄付としての側面もあるが、一般的な寄付と異なって経済的インセンティブにも影響される制度になっているため、その利用には、互酬性の意識が働く。そして、「地域への愛着」も影響を与えているが、必ずしも「ふるさと」とは限らない。一方、華僑華人の場合は、送金・寄付・投資などの経済活動には「故郷への愛着」によるものが多く、また同じルーツを持つ華僑華人は帰属意識が高いため、企業の運営にもそれを活用する意識が高いことが明らかになった。

　本書の分析により、地域社会におけるソーシャル・キャピタル形成は人的ネットワークを強化して住みやすい環境を提供し、地域経済の活性化にも大きな影響を与えることが明らかになった。

8.2　政策的含意

　本書において強く意識しているのはNPO活動やコミュニティ活動、市民参加などに関連する自治体の政策である。例えば、佐賀県のソーシャル・キャピタルに対する取り組みがなければ、「都市の暮らしやすさ」という調査結果は期待できないし、NPOスタッフのソーシャル・キャピタル蓄積を向上する政策はNPO活動の円滑な運営にも役に立つ。また、「ふるさと納税」制度がなければ、自治体

への盛んな寄付活動が期待できないとともに、華僑華人の愛郷心が旺盛であるとしても地方政府の積極的な優遇政策がなければ地域経済の活性化は期待できない。すなわち、地域社会のソーシャル・キャピタル形成のために、自治体による取り組みの貢献は効果向上に期待される。

付　録　佐賀県におけるインタ
ビュー調査内容

付録1　インタビュー①

実施期間：2018年5月18日14：00～15：00

実施場所：佐賀県庁農林水産部会議室

調査対象：佐賀県職員N氏、男性

職歴：32年

内容：

Q：ソーシャル・キャピタル（社会関係資本：相互信頼、市民交流、絆、ネットワークなど）という言葉をご存知ですか。

A：言葉自体は聞いたことがありますが、中身についてはそんなに詳しくないです。

Q：佐賀県は県民同士の交流や助け合い精神の強化、地域コミュニティの強化などに関してどんな取り組みがありますか。

A：佐賀県はCSO推進活動を促しています。NPOのほかに、婦人会や老人会、地縁団体、ボランティア団体などいろいろあるから、そういうものを含めて、CSOと佐賀県が呼んでいます。そして、県の行政に様々な課題解決のために、民間の力を借りて、「県の包括協定の締結」という仕組みがあります。例えば、災害が起こった時の応援協定で、物資を届けないといけないから、その非常時のことも考えて民間の力を借りています。企業もほかの企業との違いを作りたいから、佐賀県と協定を結んだりしています。それから、中山間地、離島、県境（太良町、鳥栖、基山町とか）などの課題を解決するように、県職員が各地域に入って、住民と意見交換、行政と県民の連携をしています。

Q：近年、佐賀のソーシャル・キャピタルは上がっていると思いますか。それとも下がっていると思いますか。その理由は何ですか。

A：昔と比べれば、交流はなくなっているし、私が住んでいる地

域では、小学生とか道を通っていく時は、「おはようございます」とか声をかける交流はまだあるんだけど、佐賀市内に行くと、子供に声を掛けたら、なんか変な人が声をかけたという話になるから、県庁前でも結構子供たちが通っていくんだけど、声掛けませんもんね。だから、今小学校の教育の中でも声をかけないような教育をやっているじゃないですか。時代がやはり変わりましたね。

Q:地域コミュニティ強化、市民交流が盛んでいるモデル町村の事例がありますか。

A:先ほど紹介した「県の包括協定の締結」について、最近、市町の中、三養基町がよくやっています。三養基町は企業とたくさんの協定を結んでいます。もう一例を挙げますと、自分が住んでいる地区（武雄市）では、「若もん会」というのがあって、毎月若者が集まって飲み会をするのがあります。農耕社会だったから、地域の人との付き合いを活発しておかないといけない、お世話になったらお世話にしたりというのがついてくるから、関係を良好にしていこうという感じが強いですね。

付録2　インタビュー②

実施期間:2018年5月18日 16:00～17:00

実施場所:佐賀県庁農林水産部会議室

調査対象:佐賀県職員S氏、女性

職歴:4年

内容:

Q:野村総合研究所が2017年に実施した全国アンケート調査で、佐賀市は「都市の暮らしやすさ」1位になったことについて、佐賀市民/職員として実感していますか。

A:他の市町村と比較したことがないから実感はしていないです。でも、暮らしやすいと思っています。理由は、人がそんなに多

くないところと、福岡などの都市部とのアクセスがいい、必要なものがそろうし、娯楽もあることです。

Q：ソーシャル・キャピタル（社会関係資本：相互信頼、市民交流、絆、ネットワークなど）という言葉をご存知ですか。

A：私は農業関係の仕事をしているので、社会関係資本そのものはあんまり知りませんが、県知事の意見では、県民一人一人が佐賀の誇りを持っていないところはよく言われています。

Q：佐賀県は県民同士の交流や助け合い精神の強化、地域コミュニティの強化などに関してどんな取り組みがありますか。

A：私と同じ課の別の係がやっていることですけど、過疎化している農業村、担い手がどんどん少なくなっている村町同士の繋がりを強くする取り組みがあります。そして、ボランティア活動ではないけど、CSO活動を推進するようなお知らせは比較的に頻繁にあってます。なるべく職員がそれに参加するように促されています。新入社員への研修の中でCSO活動を推進する項目があって、職員がそういう意識を持つように、自分もCSO活動に参加するように、県庁には周知度はあると思います。

Q：近年、佐賀のソーシャル・キャピタルは上がっていると思いますか。それとも下がっていると思いますか。その理由は何ですか。

A：上がってると思います。市町がここ近年いろんなイベントを自治体主催で開催していることが多くなっています。昔だったら自然にお互い繋がりを強くしているようなコミュニティができていたと思うんですけど、それが一時期過疎化など核家族化もあって、繋がりがいったん薄くなっているとは思うけど、今自治体でそういうイベントをたくさんのNPOとか絡んでやっていることが多いので、そういう取り組みの成果は多少あるじゃないかなと思います。その効果は、ソーシャル・キャピタル的な効果と繋

がっているじゃないかなあと思います。

Q：平成二十八年（2016）社会生活基本調査によると、佐賀県のボランティア活動行動率が36.2%で、全国5位になりました。Sさんが日々感じたのは、周りのボランティア環境は豊かだと思いますか。Sさんご自分はボランティアされたことがありますか。具体的にどんなボランティア活動されましたか。

A：多いと思います。県庁職員の中でも公務と関係ないけど、土日や祝日などはNPO活動をしている人やボランティ活動を定期的にされていることは意外と多いです。自分はボランティア活動をしたことがあるけど、定期的じゃないです。東日本大震災の時に、私はボランティアとして東北に行って瓦礫の中から思い出の品の掘り出す作業をしました。私はそれくらいしかしていないけど、周りの人は、熊本地震や九州北部豪雨災害の時にボランティ活動しに行くとかしている人が多いです。

Q：地域コミュニティ強化、市民交流が盛んでいるモデル町村の事例がありますか。

A：私が実際住んでいる地域だけを考えると感じません。ただ佐賀市全体を見た時にはある程度感じます。地域市民同士の声掛けとか、佐賀市民はできていると思うし、子供が登校中に挨拶ができるとか、地域の人と学校の交流があるとかそういうことはたくさんの学校もあってると思うし、ご近所さん同士の付き合いも多いです。ただ自分が住んでいるところと限定すると、周りに人が少ないので、そういうのを感じないです。

付録3　インタビュー③

実施期間：2018年5月20日 16:00〜17:00
実施場所：佐賀市レストラン・ガスト本庄店
調査対象：佐賀県職員Y氏、男性

職歴：30年

内容：

Q：野村総合研究所が2017年に実施した全国アンケート調査で、佐賀市は「都市の暮らしやすさ」1位になったことについて、佐賀市民/職員として実感していますか。

A：野村総研の調査で第1位になったことは、佐賀市にとってたいへん名誉なことで嬉しいです。ただし、日頃から常に他の都市との優劣比較を意識して仕事をしているわけではないため、実感があまりないです。

Q：ソーシャル・キャピタル（社会関係資本：相互信頼、市民交流、絆、ネットワークなど）という言葉をご存知ですか。

A：もちろん、ソーシャル・キャピタルという言葉は知っています。常日頃から地域のネットワーク形成に公私とも深く関わっていることが、実はソーシャル・キャピタルの形成に繋がっていたことを改めて認識しているところです。

Q：佐賀県は県民同士の交流や助け合い精神の強化、地域コミュニティの強化などに関してどんな取り組みがありますか。

A：佐賀市では、様々な取組みが多岐に渡って行われていますので、具体的に列挙することは困難ですが、直近の2018年2月に実施したの一大イベント「地域づくり交流会」を代表事例に挙げたいと思います。

Q：近年、佐賀のソーシャル・キャピタルは上がっていると思いますか。それとも下がっていると思いますか。その理由は何ですか。

A：上がっていると思います。その理由としては、佐賀内の小学校校区を単位とした「まちづくり協議会」が設立され活動している地域が増えていることから（現在32校区中の27団体設立済み）、市民意識のレベルは向上していると認識しているからです。

付録4　インタビュー④

実施期間：2018年5月21日 13：00〜14：00

実施場所：佐賀県庁県民協働課会議室

調査対象：佐賀県庁職員F氏、男性

職歴：33年

内容：

Q：ソーシャル・キャピタル（社会関係資本：相互信頼、市民交流、絆、ネットワークなど）という言葉をご存知ですか。

A：私はその言葉はあんまり慣れていないですね。

Q：佐賀県はボランティア活動や、NPO活動を推進するために、どのような取り組みやサポートをしていますか。

A：今力を入れているところは主にCSO提案型協働創出事業、「ふるさと納税」と支援助成事業三つあります。

①CSO提案型協働創出事業。NPO法人などの民間団体から提案を受け付ける制度を設けています。提案が上がったら、一緒に協議をし、政策として取り入れることができれば、一緒にやってもらいます。これは県だけじゃなくて、県内の20市町のうちに17市町はこの制度を一緒に乗っかてもらっているところです。

②「ふるさと納税」については、他県がやっているところが少なくて、通常では、「ふるさと納税」は自治体の政策に財源として当てますが、佐賀県はNPOへの寄付を指定してもいいです。例えば、あるNPOに10万円寄付するとか、そういう仕組みは内にあるんですね。通常は補助金で活動をしているNPOがあって、補助金が終われば活動も終わるNPOもあるんですね、この仕組みを利用してNPO活動を支援しています。

③支援助成事業は、チャレンジ型事業とモデル型があります。チャレンジ型というのは、NPO事業を立ち上げて間もなくそうい

う事業分野で取り組みたい人たちに対して、年間30万円の補助金があります。モデル型というのは、ある程度NPO法人をやって、自立のため、チャレンジ型より一つ上の段階ですけど、今後自分が自立していくために150万円の補助金があります。また、県外からCSO誘致事業、誘致先に来てもらったら、人件費に対して若干財政的な支援(一人あたり50万円)があります。

付録5　インタビュー⑤

実施期間：2018年6月6日 16：00～17：00
実施場所：佐賀市白山ビル1階
調査対象：佐賀市民O氏、男性、59歳、弁護士、大分県出身
佐賀市居住歴：21年
内容：
　Q：2017年野村総合研究所の調査で「都市の暮らしやすさ」項目で、佐賀市が全国1位になりました。佐賀市民としてどう思いますか。その暮らしやすさは実感していますか。暮らしやすい/そうでない理由を具体的に教えてもらえませんか。
　A：佐賀のいいところはこじんまりとしていることです。地方の小さい町なんですけど、一応県庁所在地として必要な行政機関がそろっているので、生活必要なものそろっていますし、職住近接だし、自然が豊かで、静かで、すぐ隣に福岡という大きな都市があります。大きな都市の近くにある小さな町、ロケーションとしてとてもいいと思います。
　Q：地元の大分県と比べたらどうですか。
　A：生まれ育てられた町は田舎で県庁所在地じゃなくて、佐賀と比べようがないんです。ただ仮に大分の町とした場合に大分の町は、佐賀より大きいですから、その地域の中心地は佐賀より大きくて、店もたくさんあるし、もちろん県庁所在地ですから、いろんな

行政機関もそろっている。でも大分市は陸の孤島ですから、ほか
の地域や大きな都市から切り離されているので、そういう意味で
孤立している地域です。今は交通の便がよくなりましたけど、そ
れでも佐賀に比べると、アクセスがよくなく、便がよくないです。
最低生活必要なものそろっているから、利便性の面ではたぶん佐
賀がいいです。

　Q：佐賀の「地域共助精神」と「コミュニティの成熟」のランキン
グも全国で上位になったけど、あなたが住んでいる地域に共助精
神やコミュニティの成熟さを感じていますか。具体的にどんなと
ころにありますか。

　A：それについてはよくわかりません。というのは、私は佐賀に
来てまる21年間経ちますけど、昔から佐賀にいる人じゃないので、
ある意味での外人です。佐賀は田舎だから、排他的で保守的なと
ころがあるので、よほど積極的に関わっていかないと、よそから来
た人はコミュニティの中に入っているのがなかなか難しいと思い
ますが、普通の生活は全然大丈夫です。

　Q：昔からのコミュニティというのは、例えばどのような集まり
ですか。

　A：もともといる人は「三夜待」とか、「恵比寿様」とか伊勢神宮な
どのようなものを中心した集まりはあるけど、地元の人が集まっ
ているけど、私は全然そういう土着の伝統の活動とは関わってい
ません。

　Q：Oさんは近所の人との付き合いは頻繁されていますか。具体
的にどんな程度の付き合いをされていますか。（例えば町内会など
の地縁団体に参加していますか。）

　A：うちはマンションなんで、みんなは新しく引っ越してきた人
だから、町内会などとはちょっと違うと思います。周りは町内会
や自治会みたいのはあるけど、マンションの人は行かない（役員は

顔を出すことあるけど)ですね。でも、マンションの場合は自治会と管理組合があります。それは地区の町内会とかとは全然違います。例えば、マンションに住んでいる人は地区運動会に行かないです。そして、居住環境をよくする、顔見知りになるため、同じマンションの付き合いはあります。

Q：同じマンションの付き合いは、どのような形で、どんな頻度でしていますか。

A：公式的な行事で、自治会の関係で年2回総会があるのと、春と秋に清掃活動をします。あとは、住民サークルがあります。私自身は体操サークルに参加しています。

Q：そういう住民サークルなどを参加することによって、住民たちとの関係が深くなったと感じていますか。

A：親しくなりますけど、お互いに深く立ち入らないですね。

Q：平成二十八年(2006)社会生活基本調査によると、佐賀県のボランティア活動行動率が36.2%で、全国5位になりました。Oさんが日々感じたのは、周りのボランティア環境は豊かだと思いますか。Oさんご自分はボランティアされたことがありますか。具体的にどんなボランティア活動されましたか。

A：ボランティア活動については、いろんな形ですけど、結構目につきます。佐賀の人はわりと参加しているほうじゃないですかね。例えば、自分の仕事関係では、弁護士活動でボランティア活動が多いですね。あとは職業団体、ロータリークラブとかもボランティア団体ですね。寄付は時々しますけど、人に頼まれたりする時(人間関係での寄付)はあります。

Q：ソーシャル・キャピタル(社会関係資本：相互信頼、市民交流、絆、ネットワークなど)という言葉をご存知ですか。

A：聞いたことがないです。

Q：例えば、ソーシャル・キャピタルの要素として「信頼」があり

ます。Oさんは一般的に人を信頼できると思いますか。

A：親しくなった人は信頼できると思いますが、それも人によるです。私の職業上信頼できない人たくさん見ましたので、やはり知らない人とは様子を見ながら、付き合いをしていますね。

Q：近年、佐賀のソーシャル・キャピタルは上がっていると思いますか。それとも下がっていると思いますか。その理由は何ですか。

A：佐賀のソーシャル・キャピタルが上がっているか下がっているかというのは比べようがないんですけど、確かに東日本大震災以来、「絆」という言葉が社会によく言われてきたと思いますね。それまでもありましたけど、団体でボランティア活動をするようになったのは震災など以来じゃないかなあと思いますね。最近でも熊本地震などの災害が起きるたびにボランティアしに行こうとか言うようになりましたね。そういう流れで佐賀もだいぶ行っているから、そういう意味でボランティア活動などは昔からすごい意識化されてきたと思います。

Q：佐賀県主催の市民交流関係のイベントに参加されたことがありますか。参加することによって地域の人々との関わりが深くなったと思いますか。

A：佐賀県国際交流協会の国際交流活動などに参加したことがあります。ただ市民として参加じゃなく、職業を活かすボランティア活動が多かったですね。参加することによって国際交流の仕事されている人との関わりが深くなりました。

Q：佐賀に残る理由は何ですか。

A：佐賀に残る理由はやはり居心地がいい、そして仕事の関係もあると思います。

付録6　インタビュー⑥

実施期間：2018年6月3日 12：00〜13：00

実施場所：佐賀市大財町レストラン・グラッチェガーデンズ

調査対象：佐賀市民J氏、女性、50歳、専業主婦、（韓国）ソウル出身

佐賀市居住歴：13年

内容：

Q：2017年野村総合研究所の調査で「都市の暮らしやすさ」項目で、佐賀市が全国1位になりました。佐賀市民としてどう思いますか。その暮らしやすさは実感していますか。暮らしやすい/そうでない理由を具体的に教えてもらえませんか。

A：はい。暮らしやすいです。自然が豊かです。海の幸、山の幸がいっぱいです。近所の人々が優しくて公園がいっぱいあって、無料な駐車場が多くて、地震がないからです。

Q：平成二十八年（2016）社会生活基本調査によると、佐賀県のボランティア活動行動率が36.2%で、全国5位になりました。Jさんが日々感じたのは、周りのボランティア環境は豊かだと思いますか。Jさんご自分はボランティアされたことがありますか。具体的にどんなボランティア活動されましたか。

A：はい。実際ボランティアをいろいろやってるし、周りにも結構いらっしゃいます。自分はボランティアしたことがあります。例えば、病院のボランティアと学校での絵本読み、佐賀の有明海の掃除とか、いろいろ参加してます。

Q：ソーシャル・キャピタル（社会関係資本：相互信頼、市民交流、絆、ネットワークなど）という言葉をご存知ですか。

A：聞いたことがあります。

Q：近年、佐賀のソーシャル・キャピタルは上がっていると思い

ますか。それとも下がっていると思いますか。その理由は何ですか。

A：上がっていると思います。新聞とか、佐賀市報とかいろんなところで記事を見かけたりして、その活動に励んでいる若者が結構増えていると思います。私が国際交流協会のボランティアをしているので、仕事上の付き合いが多いからそう感じているかもしれませんが。

Q：佐賀県主催の市民交流関係のイベントに参加されたことがありますか。参加することによって地域の人々との関わりが深くなったと思いますか。

A：あります。そうですね、外国人として、地域のイベントに参加することによって、地域の人々との関わりが深くなりました。とてもいいことです。

Q：佐賀に残る理由は何ですか。

A：仕事関係もありますが、佐賀は住みやすくて落ち着くと思いますから。

Q：野村総研の調査で佐賀市の「子育てしながら働ける環境がある」は全国3位になりました。Jさんはお母さんとしてそれについてどう思いますか。

A：はい。私は佐賀で子供と一緒にいろんなことができるから、佐賀が大好きです。周りの友との絆が深く（付き合いがよく）、ママ友がお互いに協力して助けてくれる環境だと思います。

付録7　インタビュー⑦

実施期間：2018年6月3日 13：00～14：00
実施場所：佐賀市大財町レストラン・グラッチェガーデンズ
調査対象：佐賀市民L氏、女性、33歳、司法書士、佐賀市出身
佐賀市居住歴：33年

内容：

Q：2017年野村総合研究所の調査で「都市の暮らしやすさ」項目で、佐賀市が全国1位になりました。佐賀市民としてどう思いますか。その暮らしやすさは実感していますか。暮らしやすい/そうでない理由を具体的に教えてもらえませんか。

A：暮らしやすいです。理由は、都市に程よく近いし、公共施設がきれいで充実しています。例えば、図書館、公民館、運動施設。また、平地だし、天災も少なく、道路もある程度運転しやすくされています。

Q：佐賀の「地域共助精神」と「コミュニティの成熟」のランキングも全国で上位になったけど、あなたが住んでいる地域に共助精神やコミュニティの成熟さを感じていますか。具体的にどんなところにありますか。

A：共助精神や、コミュニティの成熟さについては、よくわかりません。ただ、教育や、子育ての方を支えるプログラムがよく開催されているような印象です。

Q：平成二十八年（2016）社会生活基本調査によると、佐賀県のボランティア活動行動率が36.2%で、全国5位になりました。Lさんが日々感じたのは、周りのボランティア環境は豊かだと思いますか。Lさんご自分はボランティアされたことがありますか。具体的にどんなボランティア活動されましたか。

A：ボランティア環境は、普通くらいにあるように感じます。バルーンフェスティバルや、佐賀城でのガイドなど、ボランティアさんたちが活躍しています。さくらマラソンも、ボランティアさんが多く参加されています。私は、さくらマラソンで有償ボランティア（韓国語通訳）をしたことがあります。

Q：佐賀県主催の市民交流関係のイベントに参加されたことがありますか。参加することによって地域の人々との関わりが深く

なったと思いますか。

A：佐賀県立図書館前の肉フェスに行ったことがあります。具体的には、露店で食べ物を買って、催し物を見物しました。地域の人々との繋がりが深くなるほどではありませんでしたが、楽しめました。

Q：佐賀に残る理由は何ですか。

A：佐賀に残る理由は、実家が佐賀にあるからそこに住むためです。幸い、仕事も佐賀にあり、佐賀に住むことに何の不満もなく、むしろ、魅力がたくさんあって、ありがたいと思っています。

付録8　インタビュー⑧

実施期間：2018年6月3日 14：00〜15：00

実施場所：佐賀市大財町レストラン・グラッチェガーデンズ

調査対象：佐賀市民 M 氏、男性、23歳、教師、佐賀市出身

佐賀市居住歴：23年

内容：

Q：2017年野村総合研究所の調査で「都市の暮らしやすさ」項目で、佐賀市が全国1位になりました。佐賀市民としてどう思いますか。その暮らしやすさは実感していますか。暮らしやすい/そうでない理由を具体的に教えてもらえませんか。

A：暮らしやすいというのは確かにそう思いますが、1位というのは驚きました。自然と商業施設のバランスがよく暮らしやすいとは思いますが、交通の便はあまりよくないですね。

Q：佐賀の「地域共助精神」と「コミュニティの成熟」のランキングも全国で上位になったけど、あなたが住んでいる地域に共助精神やコミュニティの成熟さを感じていますか。具体的にどんなところにありますか。

A：定期的な清掃作業や、地域の行事（お祭りやスポーツ大会な

ど)やそれに向けた練習がよくあります。畑作業の助け合いも行
われています。

　Q:平成二十八年(2016)社会生活基本調査によると、佐賀県のボ
ランティア活動行動率が36.2%で、全国5位になりました。Mさん
が日々感じたのは、周りのボランティア環境は豊かだと思います
か。Mさんご自分はボランティアされたことがありますか。具体
的にどんなボランティア活動されましたか。

　A:豊かだと思います。学校や職場でボランティアの案内がさ
れており、それに参加する人も少なくないです。職場(学校)でも
子供たちに向けてボランティアの案内があっており、クラスの子
供の参加率は7割程度でした。

　Q:ソーシャル・キャピタル(社会関係資本:相互信頼、市民交
流、絆、ネットワークなど)という言葉をご存知ですか。

　A:はい、聞いたことがあります。

　Q:近年、佐賀のソーシャル・キャピタルは上がっていると思い
ますか。それとも下がっていると思いますか。その理由は何で
すか。

　A:上がっていると思います。人を集めていろいろなイベント
が開催されたり、県としても佐賀県をアピールする取り組みが行
われているからです。

　Q:佐賀県主催の市民交流関係のイベントに参加されたことが
ありますか。参加することによって地域の人々との関わりが深く
なったと思いますか。

　A:インターナショナルバルーンフェスタの開会式でのサプラ
イズダンスに参加したことがあります。イベントの時は関わりが
深まりましたが、そのあとは特に交流がありませんでした。

　Q:佐賀に残る理由は何ですか。

　A:特にないです。佐賀出身で、佐賀を出る機会がないからで

す。しかし、佐賀に残るというこだわりもないです。

付録9　インタビュー⑨

実施期間：2018年6月1日9：00～9：30

実施場所：佐賀市レストラン・シャローム

調査対象：佐賀市民T氏、男性、48歳、料理人、熊本県出身

佐賀市居住歴：6年（佐賀県他市10年）

内容：

Q：2017年野村総合研究所の調査で「都市の暮らしやすさ」項目で、佐賀市が全国1位になりました。佐賀市民としてどう思いますか。その暮らしやすさは実感していますか。暮らしやすい/そうでない理由を具体的に教えてもらえませんか。

A：暮らしやすい実感というか、暮らしにくくもないですね。穏やかで、住むストレスを感じないです。ただ地元の熊本と比べたら、熊本のほうが、ライフライン（公共交通機関）とかは佐賀より発達しているかなあと感じています。後は、買い物については、佐賀はゆめタウンとモラージュくらいですかね、それについては、熊本のほうが充実しています。

Q：佐賀の「地域共助精神」と「コミュニティの成熟」のランキングも全国で上位になったけど、あなたが住んでいる地域に共助精神やコミュニティの成熟さを感じていますか。具体的にどんなところにありますか。

A：自分は近所付き合いあんまりしていません。アパートですので、近所の人はあんまり知らないですので、地域共助やコミュニティの成熟さは感じていません。

Q：平成二十八年（2016）社会生活基本調査によると、佐賀県のボランティア活動行動率が36.2％で、全国5位になりました。Tさんが日々感じたのは、周りのボランティア環境は豊かだと思います

か。Tさんご自分はボランティアされたことがありますか。具体的にどんなボランティア活動されましたか。

A：自分はボランティア活動あんまり参加していませんので、佐賀のボランティア環境はどうであるのかもちょっとよくわかりません。

Q：ソーシャル・キャピタル（社会関係資本：相互信頼、市民交流、絆、ネットワークなど）という言葉をご存知ですか。

A：聞いたことがないです。

Q：佐賀に残る理由は何ですか。

A：佐賀は居心地がいいです。こちらは職場でいい人間関係を持っているからです。

付録10　インタビュー⑩

実施期間：2018年6月1日 10:00～11:00

実施場所：佐賀市レストラン・シャローム

調査対象：佐賀市民Ｉ氏、男性、27歳、大学生、（中国）内モンゴル出身

佐賀市居住歴：3年

内容：

Q：2017年野村総合研究所の調査で「都市の暮らしやすさ」項目で、佐賀市が全国1位になりました。佐賀市民としてどう思いますか。その暮らしやすさは実感していますか。暮らしやすい/そうでない理由を具体的に教えてもらえませんか。

A：人によって暮らしやすさの定義は違うと思いますが、私からすれば、佐賀の暮らしやすさはいくつのところがあります。まず、公共交通機関に関しては、混んでいる電車や道がないから、とても安らぎです。一方、佐賀市内で行動すると、車がないと少し不便なところがあります。バスの便数も少ないですね。そして、佐賀の

人口が少ないので、大都市より一人当たりの資源が多くあります。インフラ整備もきちんとして、公民館などの利用も便利だし、売店などもそんなに混み合っていないので便利だと思います。最後に、佐賀の自然環境がいいです。ただ自分は大学が佐賀にいるから佐賀に住んでいます。まだ若いかもしれませんが、選べるなら佐賀にはずっと住みたくないです。佐賀に残っている人たちは佐賀の生活が好きでしょうね。

Q：平成二十八年（2016）社会生活基本調査によると、佐賀県のボランティア活動行動率が36.2％で、全国5位になりました。Iさんが日々感じたのは、周りのボランティア環境は豊かだと思いますか。Iさんご自分はボランティアされたことがありますか。具体的にどんなボランティア活動されましたか。

A：私の周りのボランティア環境は豊かだと思います。今年も去年も桜マラソンでボランティアをしましたが、会場にはいろんなボランティア団体があります。そして、大学のゼミ発表会は市民に対して公開する時があります。その時に、ボランティアとして参加する市民が大勢います。全体的に佐賀のボランティア雰囲気はいいと思います。私が参加したボランティア活動は、留学生学友会や幼稚園交流、外国人留学生と地元の人と交流のイベントなどがありました。

Q：ソーシャル・キャピタル（社会関係資本：相互信頼、市民交流、絆、ネットワークなど）という言葉をご存知ですか。

A：その言葉を聞いたのは初めてです。

Q：佐賀のソーシャル・キャピタルは豊富だと思いますか。

A：留学生として、佐賀のソーシャル・キャピタルは高いと感じました。佐賀だけでなく、日本全国のそれも高いと思います。

Q：佐賀県主催の市民交流関係のイベントに参加されたことがありますか。参加することによって地域の人々との関わりが深く

なったと思いますか。

　A：はい、先ほど言ったボランティア活動の一部も市民交流関係
ですし、私が住んでいる地域に毎週日曜日の朝に朝市があります
ので、そこに行ったこともあります。そういう活動の参加によっ
て、佐賀市民の友達をたくさん作りました。

　Q：佐賀に残る理由は何ですか。

　A：勉強関係で佐賀に残っています。

参考文献

中国語

崔巍,2017.社会资本、信任与经济增长[M].北京:北京大学出版社.

福建省地方志编纂委员会,1992.福建省志·华侨志[M].福州:福建人民出版社.

李山,吴理财,2014.社区建设进程中的社会资本培育与利用[J].湖北大学学报(哲学社会科学版),41(3):92-99.

饶志明,2016.海外闽商网络与福建经济走出去战略研究[G]//贾益民.华侨华人蓝皮书:华侨华人研究报告(2016).北京:社会科学文献出版社:106-147.

赵罗英,夏建中.2014.社会资本与社区社会组织培育:以北京市D区为例[J].学习与实践(3):101-107.

日本語

青森県ソーシャル・キャピタル研究会,2010.ソーシャル・キャピタルを活用した地域活性化に関する報告書[R/OL].(2010-03-18)[2022-01-14].https://www.pref.aomori.lg.jp/soshiki/kikaku/chikatsu/files/2010-0318-1541.pdf.

アダム・スミス,1969.諸国民の富[M].大内兵衛,松川七郎,訳.東京:岩波書店.

稲葉陽二,2008.ソーシャル・キャピタルの潜在力[M].東京:日本評論社.

稲葉陽二,2011.ソーシャル・キャピタル入門:孤立から絆へ[M].

東京：中央公論新社．

稲葉陽二，吉野諒三，2016．ソーシャル・キャピタルの世界：学術的有効性・政策的含意と統計・解析手法の検証［M］．京都：ミネルヴァ書房．

オウチーノ総研，2015．「無縁社会」に関する実態調査［R/OL］．（2015–07–27）［2022–01–13］．https://corporate. o-uccino. jp/wordpress2/wp-content/uploads/2015/07/pr20150727_muenshakai.pdf.

岡部光明，2016．コミュニティの力：市場経済における非営利組織（NPO）の機能［J］．明治学院大学国際学研究，49（3）：85–103．

梶井祥子，2016．若者の「地域」志向とソーシャル・キャピタル：道内高校生1755人の意識調査から［M］．札幌：北海道開発協会．

空閑睦子，2010．ソーシャル・キャピタルに関する先行研究の整理：今日までにおける定義の概要と文献サーベイから見た日本の研究の動向［J］．CUC Policy studies review（27）：39–49．

経済社会総合研究所，2005．コミュニティ機能再生とソーシャル・キャピタルに関する研究調査［R/OL］．（2005–09–05）［2022–01–14］．http://www.keizaireport.com/report.php/RID/33990/?Ref.

経済社会総合研究所，2016．ソーシャル・キャピタルの豊かさを活かした地域活性化［R/OL］．（2016–03–31）［2022–01–14］．https://www.esri.cao.go.jp/jp/esri/prj/hou/hou075/hou75_03.pdf.

國光洋二，2017．地域活力の創生と社会的共通資本：知識資本、社会インフラ資本、ソーシャル・キャピタルの効果［M］．東京：農林統計出版．

小泉求，富山栄子，沼田秀穂，2015．地域の賑わいを創出する力とソーシャル・キャピタルとの関連性についての研究［J］．事業創造大学院大学紀要，6（1）：53–69．

厚生労働省，2017．平成29年版厚生労働白書：社会保障と経済成長［R/OL］．（2017–10–17）［2022–01–14］．https://www. mhlw. go. jp/wp/

hakusyo/kousei/17/dl/all.pdf.

坂本治也,2010.日本のソーシャル・キャピタルの現状と理論的背景[J].ソーシャル・キャピタルと市民参加(150):1-31.

桜井政成,2007.ボランティア・NPOとソーシャル・キャピタル:パットナムを越えて[J].立命館人間科学研究,14(3):41-52.

佐野萌子,鈴木郁弥,佐野信,ほか,2016.親が子供のスポーツ活動に参加することと地域におけるソーシャル・キャピタルとの関連:NPO法人川崎市法政トマホークス倶楽部の事例[J].地域イノベーション,8(3):47-59.

総務省,2007.ふるさと納税研究会報告書[R/OL].(2007-10-31)[2022-01-14].https://www.soumu.go.jp/main_sosiki/kenkyu/furusato_tax.

総務省,2021.ふるさと納税に関する現況調査結果[R/OL].(2021-07-30)[2022-01-07].https://www.soumu.go.jp/main_sosiki/jichi_zeisei/czaisei/czaisei_seido/furusato/file/report20210730.pdf.

総務省統計局,2017.平成28年社会生活基本調査[R/OL].(2017-07-14)[2022-01-14].https://www.stat.go.jp/data/shakai/2016/index.html.

高橋勇介,要藤正任,小嶋大造,2018.ふるさと納税は寄附か:ソーシャル・キャピタルの視点からの実証分析[M].京都:京都大学経済研究所.

田中豊治,2011.環境と人間の共創[M].東京:学文社.

辻竜平,佐藤嘉倫,2014.ソーシャル・キャピタルと格差社会:幸福の計量社会学[M].東京:東京大学出版会.

露口健司,2016.ソーシャル・キャピタルと教育:「つながり」づくりにおける学校の役割[M].京都:ミネルヴァ書房.

デヴィッド・ハーヴェイ,2007.新自由主義:その歴史的展開と現在[M].渡辺治,監訳.東京:作品社.

トーマス・セドラチェク,2015.善と悪の経済学:ギルガメシュ叙事詩、アニマルスピリット、ウォール街占拠[M].村井章子,訳.東

京：東洋経済新報社．

トマ・ピケティ，2014.21世紀の資本［M］.山形浩生，守岡桜，森本正史，訳.東京：みすず書房．

内閣府，2003.平成14年度 ソーシャル・キャピタル：豊かな人間関係と市民活動の好循環を求めて［R/OL］.（2003-06-19）［2022-01-14］.https：//www.npo-homepage.go.jp/toukei/2009izen-chousa/2009izen-sonota/2002social-capital.

ナン・リン，2008.ソーシャル・キャピタル：社会構造と行為の理論［M］.筒井淳也，石田光規，桜井政成，ほか，訳.京都：ミネルヴァ書房．

日本総合研究所，2005.市民活動が地域にもたらす効果に関する調査［R/OL］.（2005-03-31）［2022-01-14］.https：//www.npo-homepage.go.jp/uploads/050719katudoukouka.pdf.

日本総合研究所，2008a.ソーシャル・キャピタルの醸成による寄付社会の創造［R/OL］.（2008-11-17）［2021-12-25］.https：//www.jri.co.jp/page.jsp?id=7134#4.

日本総合研究所，2008b.日本のソーシャル・キャピタルと政策〜日本総研2007年全国アンケート調査報告〜［R/OL］.（2008-04-30）［2022-01-14］.https：//www.jri.co.jp/MediaLibrary/file/column/study/pdf/1735.pdf.

農村振興局.ソーシャル・キャピタルをめぐる内外の動き［R/OL］.（2006-12-19）［2022-01-14］. https://www. maff. go. jp/j/nousin/noukei/socialcapital/pdf/data103.pdf.

古河幹夫，2013.ソーシャル・キャピタルの概念と政策的含意［J］.長崎県立大学経済学部論集，46（4）：157-167.

三好禎之，2017.住民参加型健康地域づくりとソーシャル・キャピタルの醸成に関する研究［J］.名古屋経営短期大学紀要（58）：83-103.

山下清海, 2002. 東南アジア華人社会と中国僑郷：華人・チャイナタウンの人文地理学的考察[M]. 東京：古今書院.

湯沢昭, 2011. 地域力向上のためのソーシャル・キャピタルの役割に関する一考察[J]. 日本建築学会計画系論文集, 76(666)：1423-1432.

兪祖成, 2014. 現代中国における国家的公共性の形成と非営利部門の再編[J]. 同志社大学政策科学研究, 16(1)：47-59.

ロバート・パットナム, 2001. 哲学する民主主義：伝統と改革の市民的構造[M]. 河田潤一, 訳. 東京：NTT出版.

ロバート・パットナム, 2006. 孤独なボウリング：米国コミュニティの崩壊と再生[M]. 柴内康文, 訳. 東京：柏書房.

英　語

BARROS C P, NUNES F, 2008. Social capital in non-profit organizations: a multi-disciplinary perspective[J]. The journal of socio-economics, 37(4): 1554-1569.

BOURDIEU P, 1986. The forms of capital[M]//RICHARDSON J G. Handbook of theory and research for the sociology of education. New York: Greenwood Press: 241-258.

BOURDIEU P, WACQUANT L J D, 1992. An invitation to reflexive sociology[M]. Chicago: University of Chicago Press.

BURT R S, 2001. Structural holes versus network closure as social capital[M]//LIN N, COOK K S, BURT R S. Social capital: theory and research. New York: Aldine de Gruyter: 31-56.

COLEMAN J S, 1988. Social capital in the creation of human capital[J]. American journal of sociology, 94: S95-S210.

COLEMAN J S, 1990. Foundations of social theory[M]. Cambridge, MA: The Belknap Press of Harvard University Press.

DEWEY J, 1907. The school and society[M]. Chicago: University of Chicago Press.

DEWEY J, 1990. The school and society: the child and the curriculum [M]. Chicago: University of Chicago Press.

FUKUYAMA F, 1996. Trust: the social virtues and the creation of prosperity[M]. New York: Free Press.

HANIFAN L J, 1916. The rural school community center[J]. The ANNALS of the American academy of political and social science, 67: 130-138.

JACOBS J, 1961. The death and life of great American cities[M]. New York: Random House.

LA PORTA R, LOPEZ-DE-SILANES F, SHLEIFER A, et al., 1997. Trust in large organizations[J]. American economic review, 87(2): 333-338.

LIN N, 1973. The study of human communication[M]. Indianapolis: Bobbs-Merrill.

LIN N, 1999. Building a network theory of social capital[J]. Connections, 22(1): 28-51.

LIN N, 2001. Social capital: a theory of social structure and action [M]. Cambridge: Cambridge University Press.

MIROWSKI P, PLEHWE D, 2009. The road from Mont Pèlerin: the making of the neoliberal thought collective[M]. London: Harvard University Press.

NAKAJIMA T, 2009. Nonprofit organizations and social capital in Japan: an empirical study of the impact of institutionalisation[J]. Sanno university bulletin, 29(2): 1-33.

PUTNAM R D, 1993. Making democracy work: civic traditions in modern Italy[M]. Princeton: Princeton University Press.

PUTNAM R D, 2000. Bowling alone: the collapse and revival of American community[M]. New York: Simon & Schuster.

SINN E, 1998. The Last half century of Chinese overseas[M]. Hong Kong: Hong Kong University Press.

SKELDON R, WANG X, 1994. Reluctant exiles? Migration from Hong Kong and the new overseas Chinese[M]. Hong Kong: Hong Kong University Press.

STIGLITZ J E. The end of neo-liberalism? Project syndicate commentary [EB/OL].(2008-07-07)[2018-08-14].http://www.project-syndicate.org/commentary/the-end-of-neo-liberalism.

謝　辞

　最後に本書をめぐる「ソーシャル・キャピタル」にも感謝した
い。本書は筆者が佐賀大学大学院工学系研究科システム創成科学
専攻博士後期課程に在籍中の研究成果の一部をまとめたものであ
る。同大学経済学部教授・張韓模先生には指導教員としてソー
シャル・キャピタルに関する研究の実施の機会を与えていただ
き、その遂行にあたって終始、ご指導をいただいた。ここに深謝の
意を表する。西九州大学健康福祉学部教授・田中豊治先生、並び
に佐賀大学芸術地域デザイン学部教授・山下宗利先生、同学部教
授・有馬隆文先生、及び同大学全学教育機構准教授・中尾友香梨
先生には副査として博士論文の細部にわたりご指導をいただい
た。ここに深謝の意を表する。

　本書の第5章におけるインタビュー調査では、佐賀県農林水産
部副部長・中尾政幸氏、同県民環境部県民協働課副課長・古村友
二氏、並びに佐賀市地域振興部公民館支援課副課長・山口和海氏
より非常に有益な資料を提供していただいた。ここに感謝の意を
表する。第6章のアンケート調査では、特定非営利活動NPO法人
S.S.F代表理事・谷口仁史氏をはじめ、スタッフの方々に多大なご
協力をいただいた。ここに感謝の意を表する。

　そして、先輩（劉巍博士、ブィ・ディン・タン博士、申偉寧博
士）、研究仲間（福元健志博士、戴娟娟博士、タッチ・ラスメイ博士
及びチャン・ティ・ミン・ハオ博士）の方々には研究遂行にあた
り、日頃より貴重なコメントをいただいた。ここに感謝の意を表
する。また、博士論文執筆期間中、奨学金よりご支援いただいた国

際ロータリー第2740地区米山記念奨学会、佐賀北ロータリークラブの方々及びカウンセラーとなる大川正二郎氏にも感謝の意を表する。日本への留学及び留学中全般にわたる多大なご支援、ご指導をいただいた中国厦門理工学院日本語学部前学部長・孫勝強先生及び夫人・張琪氏に感謝の意を表する。

　最後に、日本において7年間の勉学期間中、自分の思う道を進むことに対し、常に暖かく見守り、そして辛抱強く支援してくださった両親、二人の妹との「家族の絆」は常に私の心の支えとなった。